AF313401

UN
OFFICIER ROYALISTE

AU SERVICE

DE LA RÉPUBLIQUE

Paris. — Imp. Viéville et Capiomont, rue des Poitevins, 6.

ALFRED DE BESANCENET

UN

OFFICIER ROYALISTE

AU SERVICE

DE LA RÉPUBLIQUE

D'APRÈS LES LETTRES INÉDITES DU GÉNÉRAL DE DOMMARTIN

1786 A 1799

PARIS

LIBRAIRIE GÉNÉRALE

DÉPOT CENTRAL DES ÉDITEURS

72, BOULEVARD HAUSSMANN ET RUE DU HAVRE

1876

A

MADAME DE CHATEAUVIEUX

Madame et chère tante,

Je suis heureux de vous dédier ce livre, qui fut le désir de votre mari : neveu et filleul du général de Dommartin, il avait le respect de sa mémoire.

Veuillez accepter l'hommage d'un travail inspiré par lui ; et que ce livre, qui vous rappellera son souvenir, vous apporte aussi le témoignage de notre respectueux attachement.

Alfred de Besancenet.

UN

OFFICIER ROYALISTE

AU SERVICE

DE LA RÉPUBLIQUE

———————————————

I

Pendant plus d'un demi-siècle la légende révolutionnaire a montré la France régénérée tout à coup
par la liberté conquise et unanime pour renverser la
vieille monarchie, tandis qu'un patriotisme jusqu'alors
inconnu improvisait des soldats intrépides, conduits
par des officiers dont la science militaire éclosait
spontanément au milieu des combats. En même
temps que, dans l'intérêt de leur cause, les hommes
de révolutions propageaient ces légendes, l'amour-

propre national les accueillait par crainte d'amoin-
drir le prestige de notre gloire.

Mais lorsque, dans une période de soixante années,
des événements à peu près semblables se furent re-
produits, lorsque de nouvelles générations eurent
pu voir quel peuple faisait les révolutions, lorsqu'elles
se furent rendu compte des résultats obtenus avec
des levées en masse, en face d'un ennemi discipliné,
il fallut bien se demander si la nation avait changé
à ce point, si les hommes avaient dégénéré; et la
vérité dut se dégager de la légende.

On se souvint alors que les fameux volontaires
de la République, beaucoup moins nombreux qu'on
ne s'était plu à le dire, avaient dû être disséminés
par la Convention dans les vieux régiments de la
monarchie. Là se trouvaient les vrais soldats et les
anciens officiers, car si quelques-uns de ceux qui
appartenaient à la noblesse avaient cru devoir émigrer, le plus grand nombre étaient restés à leur
poste, servant leur pays et lui donnant leur sang,
malgré la répugnance qu'inspirait la Révolution.

Les officiers distingués qui servirent dans la campagne d'Italie et dans celle d'Égypte appartenaient
pour la plupart aux régiments de Louis XVI; sans
parler de Bonaparte, citons au hasard les généraux
Vaubois, Schérer, Caffarelli, d'Anthouard, Dommar-

tin, Damas, Friant, qui avaient reçu de la monarchie leurs brevets d'officier. Bien plus, lorsqu'après la chute de Robespierre, la Convention devint un gouvernement régulier et voulut être honnête, un des premiers soins fut d'épurer l'armée, et de rayer des états-majors les chefs improvisés, sans instruction première et sans talent, que la Révolution avait créés. Il suffit de voir les noms des officiers de tous grades tombés sur les champs de bataille de la Convention pour reconnaître combien d'entre eux appartenaient à l'ancienne noblesse.

Les gentilshommes de province, généralement pauvres, n'eurent pour la plupart ni la volonté, ni plutôt la possibilité d'émigrer. Enfermés dans des manoirs plus que modestes, ils laissèrent passer la tourmente, tandis que leurs fils prodiguaient leur vie pour une patrie qui persécutait leurs pères. Plusieurs sont cités dans les lettres que nous publions comme une page utile à l'histoire de l'époque révolutionnaire. C'est dans les lettres en effet que se trouve la plus grande sincérité, et leur caractère d'intimité doit inspirer plus de confiance encore que les mémoires; ceux-ci, écrits dans le silence du cabinet, par des hommes mêlés aux événements qu'ils racon ent, ont naturellement un certain apprêt. Les faits ou les personnes y sont mis en lumière ou laissés dans l'ombre, selon le gré de l'écrivain; il prépare pour la postérité une représentation de drame ou de comédie, dont il doit être l'acteur le plus remarqué. Dans les lettres, au contraire, l'impression reproduite est bien celle éprouvée à l'heure où l'on écrit. L'homme se montre; le fait est tel qu'il l'a vu; il dit sans chercher l'effet.

Le général de Dommartin, en écrivant à sa famille, ne se doutait pas que ses lettres seraient conservées. Sa mère, qu'il aimait plus que tout au monde, ainsi qu'il le lui dit, les garda précieusement comme un souvenir de son fils. Du jour où il quitta à seize ans la maison paternelle, chacune d'elles fut soigneusement serrée; et lorsque la pauvre mère n'eut plus de fils, elle les relut souvent pour vivre dans le passé. Là elle le retrouvait élève à l'École d'artillerie, se plaignant de ses chefs; plus tard officier jeune et ardent, indigné de l'indiscipline de l'armée, et poussant un cri de désespoir lors de l'arrestation du roi à Varennes, ce roi pour lequel, écrit-il, *ce serait si beau de mourir.* Puis elle le revoyait colonel blessé devant Toulon, cachant la gravité de ses blessures; elle le suivait, devenu général, dans cette campagne d'Italie où, après chaque bataille, sa première pensée est pour elle; enfin, le cœur gros de larmes, elle le suivait encore sur cette terre d'Égypte où il devait mourir loin d'elle, lorsque sa réputation naissante lui promettait un glorieux avenir.

Protégée par la présence de son fils à l'armée de la République, elle était restée à Dommartin sans y être trop inquiétée pendant les plus mauvais jours de la Terreur. Chaque semaine une lettre de lui était venue calmer les tourments que lui causaient les terribles événements de Paris et les agitations révolutionnaires qui grondaient autour d'elle. Après la mort de ce fils qui avait été sa sauve-garde et son orgueil, rien ne put la consoler et elle ne vécut plus que de son souvenir.

Fille de M. d'Aulnay, elle s'était mariée jeune à Arnoult Cousin, seigneur de Dommartin, son voisin de campagne. Ils avaient eu deux enfants : une fille aînée nommée Agnès, puis un fils, Elzéard Auguste. Malgré les fautes de Louis XV et de son gouvernement, les plus habiles politiques étaient loin de prévoir à cette époque la Révolution qui renverserait Louis XVI. D'ailleurs, le petit nombre des journaux et la lenteur des communications ne permettaient guère à la province de participer au mouvement intellectuel et politique de la capitale. Dans les villages éloignés de Paris, la vie des gentilshommes campagnards ne différait pas sensiblement de celle des paysans. Ce qu'on appelait château n'était qu'une maison un peu plus vaste que les autres, dont le maître, cultivateur et chasseur, s'occupait peu de politique, et dont la châtelaine donnait des soins aux volailles de la basse-cour.

Les fortunes étant presque exclusivement représentées par des terres dont un vieil usage faisait un fief relevant de la couronne, l'hommage fait au roi n'était plus qu'une formule, et le seigneur n'avait plus en réalité qu'un titre honorifique et le droit d'ajouter à son nom patronymique celui de la terre à laquelle le fief était attaché. Dans la plupart des provinces, les revenus de ces fiefs étaient médiocres, aussi fallait-il vivre sur la terre pour profiter de ses produits. La difficulté des voyages et les dépenses qu'ils entraînaient les rendaient fort rares; beaucoup de châtelaines n'allaient qu'une fois par an à la ville voisine, et bien peu d'entre elles avaient vu Paris. Les filles restaient près de leur mère, attendant un mari; les fils allaient aux armées d'où bien souvent ils ne revenaient pas. Ce genre de vie des possesseurs de fiefs les rendait dans la plupart des villages les compagnons, sinon les égaux des paysans qui vivaient autour d'eux; aussi ne fut-ce qu'à la longue, et par le contact de l'excitation des villes, que la Révolution pénétra dans les campagnes. Ni à la fin du règne de Louis XV, ni au commencement de celui de Louis XVI, les symptômes d'agitations qui se montraient à Paris et dans les villes n'eurent de contre-coup dans les villages.

Au petit château de Dommartin, on vivait de cette existence paisible et retirée ; seulement on y aimait l'étude, et M. de Dommartin se reposait avec les livres des travaux de la journée. Ce fut une grande joie pour tous lorsqu'un fils vint au monde ; les archives de la commune ont conservé l'acte de son baptême :

« Elzéard-Auguste, fils légitime de messire Arnoult-François Cousin, écuyer, seigneur de Dommartin-le-Franc, la Cour et Romaine, et de dame Marie-Rose-Elisabeth d'Aulnay, ses père et mère, est né en légitime mariage, le 26 mai de la présente année 1768, et a été baptisé le lendemain par moi curé soussigné, et a eu pour parrain messire Elzéard-Eléonor d'Aulnay, chevalier, seigneur de Morembert et Frampas, officier au régiment d'Artois-Infanterie, et pour marraine demoiselle Antoinette de Roussel, absents et représentés par François Cotton, qui a signé avec nous et le père de l'enfant, et Marie Barberot, qui ne sait signer.

Signé : COUSIN DE DOMMARTIN, FRANÇOIS COTTON, BAPTISTE GAIDE, curé.

Tout enfant, Elzéard-Auguste eut pour sa mère une tendresse qui ne fit que grandir avec les années. Afin de se séparer le moins possible de son fils, elle le fit élever au collége des capucins de Joinville. Trois lieues seulement la séparaient de lui et presque chaque semaine elle venait embrasser sa tête blonde.

Élève à l'École d'artillerie de Metz, il passa son examen de sortie le 15 août 1785 et devint officier; il avait alors dix-sept ans. Incorporé comme lieutenant à la suite dans le régiment d'Auxonne, il devint lieutenant en premier en 1788, puis capitaine en 1792 lors de la réorganisation de l'armée.

Dans la seule année 1793 il arrive rapidement aux grades de lieutenant-colonel, colonel et général de brigade, et prend part en cette qualité à la campagne d'Italie.

Puis, en 1798, il fait partie à Paris d'un conseil secret où se décide la campagne d'Égypte, part avec Bonaparte, est nommé général de division à la bataille des Pyramides et meurt de ses blessures à l'âge de 31 ans.

Jusqu'à sa dernière heure sa mère eut toutes ses pensées. Sur son lit de mort il dicta encore une lettre pour elle, en même temps que le bulletin du combat où il venait d'être frappé pour ne plus se relever.

Fière de ce fils qu'elle idolâtrait, madame de Dommartin ne se consola jamais, et lorsque le Directoire lui offrit une pension elle fit cette réponse digne et triste :

« Je remercie les représentants de la nation; mais je ne puis vivre du sang de mon fils. »

II

PREMIÈRES LETTRES ; GARNISONS DE METZ ET D'AUXONNE
(ANNÉES 1786-1787).

Lorsque Auguste de Dommartin arriva à Metz comme officier d'artillerie, les fêtes de l'hiver commençaient avec la fin de l'année 1785. Jeune, fier de porter l'uniforme, accueilli dans les salons aristocratiques et militaires, il se trouvait dans un monde nouveau. Sa première lettre porte la date du 1er janvier 1786.

« Ma chère maman, vous vous impatientez de ne pas recevoir de mes nouvelles ; vous êtes sûrement bien inquiète ; je vous avouerai que je me plonge dans les plaisirs. Le carnaval est déjà commencé ici et l'on y danse à force. Notre uniforme vient d'être changé, et surtout celui des officiers, qui porteront à l'avenir la culotte et les bas noirs. Épaulettes, épée, dragonne, habit, on a généralement touché à tout. Cette petite fantaisie du ministre nous coûtera environ cinquante écus; s'il n'avait que ces étrennes-là à nous donner il pouvait s'en dispenser. Quant à vous, au commencement de cette année vous pouvez vous imaginer que je vous souhaite une bonne santé, à ma sœur un bon mari, et à moi la continuation de votre amitié avec un petit renfort de bourse. »

Les fêtes continuent et le jeune officier en prend largement sa part; il écrit rarement et quelques lignes seulement; sa mère sait qu'il se porte bien et qu'il s'amuse; son cœur est satisfait. Au printemps le régiment part pour Auxonne; le voyage est une distraction, et si on regrette Metz on sait qu'on ne le quitte pas sans esprit de retour; peut-être même y reviendra-t-on pour le prochain carnaval : et puis ce qui plaît au jeune homme, c'est qu'Auxonne est moins loin du village de Dommartin et qu'il se rapproche de sa mère.

Pourtant il est bientôt las de la petite forteresse dont *les canonniers font l'ornement.* La garnison est ennuyeuse; le service y est pénible. Les inspections arrivent au milieu de l'été; la chaleur augmente

encore les ennuis de l'exercice. Les officiers se con-
solent en se plaignant un peu de tout.

« Auxonne, 28 juillet 1786.

« Je profite pour vous donner de mes nouvelles du
moment où je suis de garde, seul moment de repos
que j'aie eu depuis trois semaines, grâce à M. de La-
mortière, notre inspecteur, qui vient de passer près
d'un mois par ici. Hier on nous a commandé un polygone de parade pour le prince souverain de Wur-
temberg et son frère qui viennent de prendre les
eaux à Luxeuil. Nous étions sous les armes dès sept
heures du matin, sans avoir déjeuné, croyant que le
régiment reviendrait comme de coutume à neuf
heures; point du tout; les princes ne sont venus
qu'à midi et nous ne sommes rentrés en ville qu'à
quatre heures mourant de faim et de soif, car c'était
la journée la plus chaude qu'il y ait eu. On n'a pas
eu l'honnêteté de nous offrir la moindre chose et j'ai
eu bien de la peine à surmonter la fatigue. »

Dans ces régiments composés de vieux soldats
qu'un long service rompait à la fatigue, le métier
était dur pour un jeune homme de dix-sept ans; car
on était sévère pour ces officiers qui se formaient par
le travail; l'État les payait à peine, et la charge de

leur entretien retombait sur la famille. La lettre suivante montre la gêne où se trouvaient beaucoup d'entre eux.

« Auxonne, 31 juillet 1786.

« Je profite du départ de du Chesnoy[1] pour vous écrire. J'ai appris avec peine l'accident arrivé à mon oncle de Morfontaine, dites-le-lui; d'ailleurs je pense aller passer quelque temps avec vous l'hiver prochain, car il paraît décidé que nous retournons à Metz à la fin d'août. J'ai grand besoin d'aller chez vous, car mon linge est dans le plus triste état, parce qu'on ne l'a pas raccommodé à Dommartin le dernier hiver. Je fais réparer ici le plus mauvais, ce qui me coûte un peu cher. Vous pouvez charger du Chesnoy de mes souliers, selon la manière dont il reviendra à Auxonne; mais de quelle manière que ce soit, j'espère que vous le chargerez de l'argent que vous m'avez promis. J'aurai besoin d'un habit en arrivant à Metz, les miens sont bien râpés; rien ne les use autant que les gardes. J'en avais pourtant fait faire un de drap de Silésie, mais il montre déjà la corde, ce qui n'est pas étonnant quand on est levé dès cinq heures du

---

1. M. du Chesnoy, alors lieutenant d'artillerie, devint colonel dans cette arme.

matin pour aller au polygone, et qu'on travaille toute la journée. »

A la lecture de cette lettre, madame de Dommartin regarda tristement sa bourse légère; l'année avait été mauvaise, les grains se vendaient mal; elle répondit qu'il fallait s'efforcer de faire durer les vieilles choses. Son fils lui donne alors des détails sur l'emploi forcé de l'argent.

« Auxonne, 16 août 1786.

« Du Chesnoy serait pourtant une belle occasion de m'envoyer les dix louis que vous m'avez promis. Vous dites que je dois encore avoir de l'argent; j'en suis étonné, car vous savez que je dois à Metz plus de cent livres pour effets. Mes gardes m'ont coûté très-cher; j'ai été une semaine chef de chambrée et alors il faut largement graisser la marmite; j'ai été obligé de faire faire un habillement complet, lequel, comme je vous l'ai dit, est déjà à demi usé. J'ai acheté pour vingt livres, guêtres, baudrier, haussecol. Vous savez aussi que mes chemises n'ont pas été du tout raccommodées et qu'il me faut de toute nécessité faire mettre des jabots aux unes et des manchettes aux autres. En outre, ma compagnie tire actuellement à la cible, et je ne puis pas me dispenser de donner quelque chose à ceux qui font de beaux coups, car il faut s'attirer l'amitié de ceux que l'on commande et je crois que j'y ai réussi. J'ai aussi avancé un peu d'argent à quelques hommes qui me doivent quarante-trois livres. Vous voyez d'après cet état que j'ai payé mon courant, c'est-à-dire l'auberge, la femme de chambre, le blanchissage, le perruquier et les réparations du tailleur. En outre, il m'a fallu une veste et une culotte pour les exercices en grande parade. Vous devez voir par là qu'il ne me reste guère d'argent. »

Cette lettre décide madame de Dommartin à remettre à M. du Chesnoy l'argent dont elle dispose ; la somme est modique, comme l'indique la lettre de remerciement.

« Quoique l'argent que vous m'avez fait passer soit peu de chose, je vous en suis bien obligé ; pourtant, si vous m'eussiez tout envoyé cela eût mieux fait mes arrangements. Sitôt que nous serons rentrés à Metz je compte vous écrire. Rennepont quittera le régiment à Langres pour aller passer une quinzaine à Andelot, et vous verrez sûrement encore du Chesnoy qui est parti pour Douai avec sa compagnie. Pour moi, je compte demander un congé depuis le commencement du carême prochain jusqu'au 16 mars. »

Le régiment quitte Auxonne et rentre à Metz le
27 septembre; Auguste de Dommartin écrit dès le
surlendemain :

« Metz, 29 septembre 1786.

« Je suis arrivé bien portant; je viens de dîner
chez le marquis de Caraman, et je suis très-bien accueilli partout; mais je crains que dans cette ville
mes dépenses ne s'augmentent forcément; pourtant
vous pouvez compter sur ma bonne conduite. Je ne
sais si je pourrai me tirer d'affaire avec la pension
que vous me faites. Les changements d'uniforme
sont chers; à peine étions-nous arrivés ici que défense nous a été faite de porter des manteaux, en
sorte qu'il faut aujourd'hui commander au tailleur
des redingotes anglaises à mettre par-dessus les
habits. »

A Dommartin on se décide, quoi qu'il en coûte, à
augmenter la pension; ne faut-il pas que le jeune
officier paraisse avec avantage dans le monde, et
voie la bonne compagnie? Dès la fin d'octobre il y a
des assemblées : « Les femmes de nos officiers supérieurs, écrit-il, forment une société étendue et
agréable. La maison de M. de Caraman est la plus
gaie à cause de ses trois filles, vraiment charmantes,

qui en font les honneurs. Chez lui l'assemblée est précédée d'un souper et souvent suivie d'un bal. »

Comme l'année précédente on s'amuse à Metz, et personne ne se préoccupe de la Révolution qui déjà pourtant mine le trône. Les embarras du Trésor augmentent. Comment remédier au mal? chaque ministère a proposé son système. On songe cette fois à des économies sur l'armée. La nouvelle en est mal accueillie dans les régiments.

« Metz, 29 novembre 1786.

« On parle de rendre au roi les villes barrières telles que Luxembourg ; alors c'est fini, nous allons croupir dans une paix dont on ne sortira pas et l'on effectuera les réformes préméditées dans l'armée. Il s'agirait de renvoyer la moitié des officiers et soldats dans leurs foyers avec demi-solde jusqu'à l'expiration de leur congé. »

Désorganiser l'armée en face de l'étranger pour réaliser une économie à peu près insignifiante parut sans doute un moyen aussi insuffisant que dangereux de rétablir les finances. On y renonça.

A Metz, le carnaval fut brillant; on dansa; le carême venu, Auguste de Dommartin prit son congé et courut embrasser sa famille. Le temps passé au foyer

2

paternel parut bien court à tout le monde. Si l'agitation qui se faisait autour de Louis XVI avait déjà son contre-coup dans les grandes villes du royaume, elle ne se faisait pas encore sentir dans les villages, où les dépêches arrivaient lentement. Là on vivait tranquille; rien n'était changé dans les vieilles habitudes, et rien ne pouvait faire prévoir les catastrophes de l'avenir. A la fin du printemps il fallut rejoindre le régiment, et ce fut le cœur gros que le fils quitta sa mère.

III

M. de Calonne, impuissant à rétablir les finances, avait réuni les notables. On sait que le seul remède qu'il proposa fut de revenir au système de M. Turgot. Ce système, présenté dix ans plus tôt, aurait pu même en 1787 sauver encore la monarchie. L'égalité de l'impôt, demandée par M. Turgot et réclamée par M. de Calonne, donnait satisfaction à l'opinion et rétablissait la fortune de la France.

Mais si la nécessité força les notables à voter en partie les mesures proposées par M. de Calonne, leur hostilité contre sa personne obligea le roi à le remplacer par l'archevêque de Brienne; et celui-ci, impuissant à son tour devant le parlement, dut conseiller au roi de rappeler M. Necker.

L'annonce de la convocation des états généraux agita la France entière. Quels hommes allaient représenter les trois ordres, et que sortirait-il de cette assemblée où tant d'éléments divers ou tant de passions hostiles allaient se rencontrer? Les gentilshommes de province, qui veulent prendre part au vote, cherchent à rétablir leur généalogie, chose souvent difficile. Auguste de Dommartin se préoccupe de la situation politique de sa famille et il en écrit à son père.

« Metz, 9 juin 1788.

« Ce me serait un grand plaisir si vous vouliez m'envoyer une note exacte de notre filiation depuis Nicolas Cousin, capitaine de reîtres, qui s'est établi le premier en Champagne, et le nom de la petite ville de Franche-Comté dont on soupçonne qu'il était originaire. »

Les événements marchent vite et trois semaines plus tard il écrit à la hâte :

« Notre parlement a été exilé hier à quatre heures du matin sans bruit ni tumulte à raison de cent hommes de cavalerie qui ont fait continuellement des patrouilles jusqu'après le départ de tous les membres. Le camp devant Metz est décidé et le roi doit y venir

passer quelques jours. M. le marquis de Bouillé, notre
général, a reçu des ordres ; mais nous espérons qu'il
n'aura pas lieu à cause du manque d'argent. »

Bientôt aux rumeurs politiques viennent se mêler
des bruits de guerre.

« Metz, 17 août 1788.

« Enfin les ordres définitifs sont arrivés, et l'armée
doit se rassembler le 3 du mois prochain. Je suis bien
fâché que cette circonstance m'oblige à vous demander cent écus qui me sont absolument nécessaires.
On prétend que, malgré la rigueur de la saison, nous
pourrions bien entrer en campagne après le camp,
qui n'est qu'un rassemblement de troupes. J'aurai
peut-être des choses plus sérieuses à vous apprendre
dans ma prochaine lettre. Dans ce moment je suis en
marché pour un lit, une marmite, etc... Le roi, fort
heureusement, nous fournit les tentes; cependant
comme elles sont très-mauvaises, je ne pourrai me
dispenser, si on fait la guerre, d'en acheter une qui
puisse me mettre à l'abri, car celles qu'on nous
donne ne nous garantiraient pas de la pluie plus de
trois heures. »

Dix jours plus tard il écrit de nouveau :

« On parle toujours de guerre ; si elle a lieu, mon

colonel, M. de Cirfontaine, sera sûrement employé comme officier général, et mon intention est de le prier de me prendre comme aide de camp; il ne sera pas inutile alors que vous joigniez vos instances aux miennes. »

Le camp de Montigny-lez-Metz est formé, les troupes s'y cantonnent le 1ᵉʳ septembre.

« Montigny-lez-Metz, 5 septembre 1788.

« Je reçois votre lettre du 2 de ce mois et ce même jour j'ai couché sous la tente. Je vous envoie l'état de notre armée. Le ministre de Brienne quitte les affaires; les gens qui étaient les sangsues de l'É-tat sont fort aises de son départ, mais comme il avait de bonnes vues son remplacement doit faire gémir les bons patriotes. C'est là tout ce que je puis vous apprendre. J'ai peu de temps et suis fort mal pour vous écrire; mais je me porte bien et mange comme quatre. »

Dans l'armée on regrettait la chute de M. de Brienne, on rendait justice à ses intentions. Bientôt les bruits de guerre cessent; l'hiver s'annonce par des pluies continuelles; les manœuvres du camp ne sont plus possibles, et l'armée revient à Metz dans les

premiers jours d'octobre. Auguste de Dommartin est
à l'âge heureux où les préoccupations ne durent
guère, à l'âge où l'on s'amuse, où l'on plaisante un
peu de tout. Il a quitté la boue du camp pour le pavé
de la ville, et la tente où souffle le vent pour une
chambre bien close; la belle humeur lui revient.

« Metz, 8 octobre 1788.

« Nous sommes enfin décampés et les semestriers
du régiment sont partis depuis le 1er du mois. Me
voici logé au quartier, dessinant ou pinçant de la
harpe; j'y prends tant de goût que je compte incessamment devenir un virtuose.... Je vous apprendrai, comme chose plus sérieuse, que notre parlement n'est pas encore rentré et, en bonne foi, je
crois que ces embryons, qui pour 30,000 francs se
prétendent des souverains, seront partout anéantis.
Point d'événements remarquables; cependant il paraît certain que les Impériaux ont battu les Turcs, et
puis encore nous avons quantité de soldats atteints
d'une maladie appelée *la Brienne*; j'ignore d'où lui
vient ce nom, à moins que ce ne soit parce qu'elle ne
dure guère. Je n'y ai pas encore passé. »

Comme les hivers précédents on danse à Metz;
cette fois on s'étourdit sur les inquiétudes que cause
la politique.

L'année 1789 amène les états généraux; ils s'assemblent le 5 mai; des congés ont été donnés dans l'armée, et Auguste de Dommartin en a profité. Il est resté plusieurs mois près de sa mère, et ne revient à Metz qu'à l'époque où, sur l'ordre du roi, la réunion des membres du clergé et de la noblesse au tiers état crée l'Assemblée nationale. Mais le roi ne résiste pas au courant qui emporte la monarchie; voici comment M. de Dommartin juge les événements :

« Metz, 7 août 1789.

« Vous êtes sûrement instruits des troubles affreux qui ont désolé dernièrement la capitale. Un roi bon, mais faible, a abandonné ses sujets les plus affectionnés à toutes les fureurs populaires. Un nombre considérable de gentilshommes a dû s'exiler. M. le maréchal de Broglie, un héros, a été lui-même obligé de fuir; il a craint d'exciter des troubles dans son gouvernement en venant y faire sa résidence. Sa prudence a évité une guerre entre la garnison prête à se laisser mettre en pièces plutôt que de souffrir qu'on lui fît insulte et le peuple indisposé contre lui parce que, fidèle à son devoir, il obéissait au roi. Ce même peuple a oublié en un instant la dette contractée envers un homme qui avait tant de fois prodigué son sang pour la patrie, et voilà le vainqueur de

tant de batailles, l'amour du soldat, le maréchal de
Broglie proscrit. Nous sommes accablés de services,
au point que j'ai passé trois nuits et demie sur cinq;
mais la ville a été assez tranquille par la vigilance de
M. le marquis de Bouillé. Nous n'avons eu que des
émeutes légères, où notre général s'est couvert de
gloire en faisant grâce à un homme qui avait tenté
de le renverser de cheval et qui serait arrivé à ses fins
sans un housard qui lui a fait lâcher prise et auquel
on doit la vie de ce brave officier. Quelques bourgeois bien intentionnés veillent à la sûreté de la
ville; ils se mêlent parmi nos gardes et nous in-
diquent les individus suspects. Hier, à la comédie, le
général de Bouillé a reçu un témoignage de reconnaissance des habitants qu'il a préservés. Dès qu'il a
paru les applaudissements et les cris de *Vive Bouillé!*
ont retenti; ils étaient dans toutes les bouches, car
militaires et bourgeois rendent hommage à ses ver-
tus; c'est un homme d'une grande simplicité; sa
table n'est pas mieux servie que celle des lieutenants, et il fait faire des distributions de vivres aux
pauvres. C'est là l'homme vénéré qui doit nous
servir d'exemple. — Il est parti de la garnison des
détachements pour les campagnes voisines. De véritables brigands parcourent l'Alsace et la Franche-
Comté, mais ils n'ont pas encore paru dans notre

province où la vigilance du chef en ferait bonne justice. J'ai pourtant à vous donner une mauvaise nouvelle : la garnison de Thionville vient de se déshonorer par des actes séditieux. Des soldats ont fait feu
sur un maréchal des logis et quatre housards chargés de dépêches pour le maréchal qui est à Luxembourg. Des soldats ont ensuite oublié qu'ils étaient
militaires et devaient l'exemple de l'obéissance. Mais
voici un fait qu'on aurait peine à croire de la part
d'un autre corps de troupes que celui qui s'est gâté
à Paris : à Thionville deux régiments entiers avec
leurs officiers se sont insurgés. Je ne mets pas en
doute que ces deux régiments Brie et Bretagne ne
soient cassés. Adieu, croyez à toute ma respectueuse
affection; j'attends de vos nouvelles avec la plus
grande impatience. On en a besoin en ce temps-ci. »

Le désordre commence dans les régiments, et c'est
à peine si l'on ose compter sur l'armée pour com-
primer l'émeute ; l'époque des examens pour les officiers est arrivée ; beaucoup de jeunes gens de la
noblesse se présentent pour les subir. « Notre voisin
de Saulx, écrit M. de Dommartin le 15 août, a
passé ce matin son examen de manière à nous faire
espérer pour lui une place d'officier à la suite. »
Mais si la ville de Metz a semblé jusqu'alors tran-

quille elle s’agite à son tour, et le 20 août M. de
Dommartin en informe sa famille. « Depuis trois
jours, écrit-il, nous sommes constamment sous les
armes ; cependant on n’en est encore venu à aucune
extrémité. » Enfin le 24 il adresse à sa mère ces
quelques lignes :

« Nous venons de renouveler notre serment : je
ne sais trop ce que cela signifie ; moi, militaire, je
ne connaissais que mon roi ; actuellement j’obéis à
deux maîtres qui doivent, nous dit-on, faire mon
bonheur et celui de mes frères, s’ils sont d’ac-
cord ! !..... »

Cependant en dépit des efforts tentés par les révolutionnaires de province, et malgré l’esprit de
révolte qui se répand partout, la plus grande partie
de l’armée donne encore l’exemple de la discipline.
Si le roi, rentré à Paris le 6 octobre, était aux yeux
des hommes clairvoyants le prisonnier de l’Assemblée, pour le soldat il était encore le chef suprême.
Pourtant quelques officiers ambitieux, même parmi
ceux qui appartenaient à la noblesse, se jetaient iso-
lément dans le courant révolutionnaire : ils entrete-
naient dans certains régiments une agitation se-
crète. Une lettre de M. de Dommartin signale le

mauvais esprit de son lieutenant-colonel et de quelques officiers mécontents. La Révolution marchait à grands pas; en quelques mois tout changeait d'aspect.

« Metz, 26 juin 1790.

« Notre garnison est redevenue assez tranquille grâce au général de Bouillé, mais rien ne peut nous répondre de l'avenir. Ce brave général a quantité d'ennemis qui cherchent à le perdre par des machinations infâmes, car aucun de ces gens-là n'oserait le regarder en face. Un bon esprit de corps règne encore dans notre régiment, à l'exception pourtant de M. du T..., de trois officiers, et, bien entendu, des lieutenants en troisième qui n'ont rien à perdre. Nous autres nous vivons dans la plus grande intimité, car on sent qu'il faut être amis et rester entre soi pour dire librement sa pensée. Vous connaissez la mienne et pouvez juger des idées de la grande majorité du régiment. Pourtant, au moment même où je vous écris, j'apprends que les sergents se sont réunis, à l'instigation de M. du T..., pour inviter l'Assemblée nationale à le nommer colonel ; certains sous-officiers et quelques compagnies notés pour leur aristocratie n'ont pas été convoqués, en sorte que cela fait un schisme dans le régiment. C'est là un coup de finesse de ce monsieur, qui, craignant

que la réunion du génie ne l'éloigne du grade de
colonel, veut forcer la main au ministre ; vous jugez
par là s'il est délicat sur les moyens. Peut-être sa-
vez-vous ce qui s'est passé dans un quartier de Paris : quelques habitants du faubourg Saint-Antoine
se sont montrés pour le roi ; qui sait ! c'est la ca-
naille qui, *comme machine*, a fait tout le mal ; cette
machine ne peut-elle pas tout à coup jouer en sens
contraire ? »

Les sous-officiers et même les soldats allaient
commencer à s'arroger le droit d'imposer au gouvernement les chefs de leur choix ; un officier supérieur, appartenant à la noblesse, avait fait à Metz de
la popularité pour devenir colonel, et les conséquences de cet exemple déplorable ne pouvaient tar-
der à se faire sentir. On les trouve dans la lettre sui-
nte.

« Metz, 18 juillet 1790.

« Hier le régiment de Salm-Salm a fait de nouvelles réclamations. Il a pris les armes, et, le sabre
à la main, a réclamé la solde qu'il prétend lui être
due. Pour être plus en sûreté dans le fort, ce régiment avait mis des corps de garde tout le long de
l'avenue qui conduit à la ville. Le général de Bouillé
est parti de suite et a harangué les révoltés, mais il

ne les a pas ramenés au devoir. Au contraire les soldats ont voulu enlever le drapeau et la caisse qui se trouvaient chez le lieutenant-colonel. Alors M. de Bouillé et les officiers du régiment se sont placés à la porte du pavillon l'épée à la main pour défendre l'entrée, mais aussitôt quelques soldats ont chargé leurs armes, menaçant de faire feu ; alors M. de Bouillé, sans s'émouvoir, a crié d'une voix forte : « Soldats rebelles, achevez de vous déshonorer en tuant votre général, car vous n'entrerez ici qu'en passant sur mon corps. » Ces forcenés n'ont pas osé mettre leurs menaces à exécution et se sont retirés, tant la vertu a d'empire sur les méchants. Aujourd'hui c'est un autre régiment qui fait des siennes, et ce sera ainsi de suite. Alors la bourgeoisie aura tout à craindre, elle le sent déjà, mais il n'est plus en son pouvoir de réparer le mal dont elle a été la première cause. En attendant on ne paie plus les appointements des officiers, ce qui nous embarrasse fort. »

Malgré tout ce désordre on espérait encore l'établissement d'un gouvernement constitutionnel dont le roi resterait le chef, et la fête de la Fédération avait paru d'un bon augure.

« Metz, 30 juillet 1790.

« Nous avons enfin de bonnes nouvelles de la Fédération ; on nous assure que le roi et la reine ont été vivement applaudis ; on ne s'occupait même pas de l'Assemblée lorsqu'un groupe placé près de l'autel civique, et qui sans doute était payé pour cela, a crié : Vive l'Assemblée ! mais ce cri n'a pas fait fortune. On nous promet que l'on s'occupe de la position des militaires, et il y a nécessité, car notre métier n'est plus tenable. Le lieutenant-colonel du T... se distingue de plus en plus. Il vient de forcer les officiers, sous la pression des soldats, à signer un acte d'adhésion aux décrets de l'Assemblée en l'assurant de notre profond respect pour ses travaux. Après bien des pourparlers notre major, vieux et brave militaire, est venu nous déclarer que cela était absolument nécessaire, et qu'il ne répondait pas des événements. Nous l'avons cru, car le plus grand éloge qu'on puisse faire de lui c'est qu'il est le contraste du lieutenant-colonel. Enfin chacun de nous, pleurant et jurant, a signé, mais en faisant une rétractation mentale. Ce que je vous raconte s'est passé avant la Fédération. Depuis, les choses vont assez bien au dire des partisans de l'état actuel, qui comptent pour rien les prisons des régiments enfoncées, les caisses pillées et autres mutineries dont on fait des preuves de civisme. »

Les illusions que M. de Dommartin se faisait sur

les conséquences de la Fédération ne pouvaient être
de longue durée. Comme beaucoup d'hommes de
cette époque, il était désireux de voir s'établir un gouvernement régulier issu d'une entente cordiale de
l'Assemblée et du roi. Il croyait à des lois sages donnant au pays la réforme politique, mais assurant la
sécurité de tous et le respect de l'autorité. Loin de
là, les événements augmentaient partout le désordre,
la désobéissance aux lois et l'indiscipline de l'armée.
Le découragement s'emparait de tous les esprits sérieux qui voyaient le péril. La lettre suivante est
triste.

« Metz, 4 août 1790.

« Je cherche, ma chère maman, à mettre de
l'ordre dans la quantité d'idées qui m'obsèdent ; je
cherche surtout à écarter des réflexions tous les
jours plus sinistres. Quand finira notre déplorable
situation ? Ceux qui en sont les causes coupables l'i-
gnorent eux-mêmes et ne cherchent pas d'ailleurs à
y remédier. Des municipalités insolentes, membres
gangrenés d'un soi-disant souverain, ne pourront-
elles jamais borner leurs prétentions ? Des troupes civiques ignorant les premiers devoirs du soldat, et
généralement commandées par des hommes peu
capables de les instruire, continueront-elles longtemps à exercer le despotisme le plus asiatique ?

Enfin l'armée n'ouvrira-t-elle pas les yeux et ne reconnaîtra-t-elle pas que son manque de discipline la met à la merci de petits tyrans dont elle ne pourra plus exiger ce qu'ils lui avaient promis pour la séduire? Mon esprit s'exalte peut-être, mais j'ai cela de commun avec toute personne qui dans ce temps ose se permettre de penser. J'en viens aux événements qui se passent ici.

« Vous savez que l'on avait permis le passage aux troupes autrichiennes qui vont en Brabant. Le nombre de ces troupes qui devaient traverser quelques petits coins de notre territoire était de 2,000 hommes, ce qui va vous étonner d'après le bruit qu'on avait répandu pour effaroucher le peuple qu'il devait y en avoir au moins 30,000. C'était là une fausseté. Ces troupes ne passaient qu'en vertu d'un traité qui est réciproque pour nous, lorsque nous allons dans l'une de nos villes enclavées dans l'empire d'Autriche. Le général de Bouillé, en vertu d'ordres du ministère, avait envoyé des instructions aux commandants de certaines villes frontières afin qu'ils souffrissent le passage, en prenant toutefois les précautions que la prudence exige. Croiriez-vous qu'ici la municipalité l'a trouvé mauvais? Elle a fait des démarches et surtout écrit les lettres les plus arrogantes à M. de Bouillé. Ce brave général, qui s'est aperçu que ces *rois* cherchaient à indisposer contre lui, a fait publier sa correspondance avec eux, avec le ministre et avec les commandants des forteresses. Les municipaux en ont référé à nos *pères-conscrits*, qui ont alors décrété que le passage serait refusé. Si les Autrichiens, s'appuyant sur les traités, ne tiennent pas compte de ce décret, c'est la guerre. Les habitants de la ville se sont dits prêts à marcher au nombre de 500 pour défendre les frontières et la municipalité a fait à M. de Bouillé la demande insidieuse que M. *** soit le commandant de cette farandole civico-héroïcomique. Quelque chose qui ne me donne pas grande idée de ce capitaine, c'est qu'il s'est adressé au lieutenant Couvriez de notre régiment pour savoir de lui quel devait être l'approvisionnement et le reste, pour les pièces de canon qu'on lui confierait. Dans tous les cas, si les ennemis se mettent en tête de passer outre et qu'ils soient repoussés par cette troupe, nous pourrons avec raison nous comparer aux Romains lorsque leur Capitole fut sauvé. Mais je reviens aux affaires particulières de ma garnison. La Fédération s'était passée tranquillement ici ; seulement peu de temps après les soldats d'un régiment se sont mis en tête de se partager la masse, et aussitôt ils placent des sentinelles à la porte de l'officier chargé de la caisse et l'obligent à désacquer. Un autre ré-

giment a mis depuis tous ses officiers aux arrêts. Un
troisième s'est mutiné et voulait conduire tous ses
chevaux sur le marché pour les vendre. Vous n'avez
pas une idée du désordre de toutes sortes. Mon régiment n'a pas encore donné dans d'aussi grands
désordres, mais ce n'est pas faute de bonne volonté.
Du reste, on entend partout les soldats dire que lorsqu'ils manqueront d'argent ils sauront bien où en
trouver. On m'annonce à l'instant que le commandant de Thionville, craignant quelque mouvement
du côté des Autrichiens, a demandé des renforts. Deux
escadrons viennent de partir ; demain on expédiera
deux compagnies d'artillerie et après-demain dix
pièces de canon. Selon toute apparence nous allons
donc guerroyer. Envoyez-moi à tout événement
deux paires de drap et une douzaine de serviettes. »

IV

Si la prévision d'une guerre prochaine avait fait
espérer aux officiers qu'un si grave événement ra-
mènerait les soldats à l'obéissance ils furent promp-
tement détrompés. L'esprit de sédition, loin de se
calmer, gagna les troupes provinciales. Voici comment M. de Dommartin parle de leur premier acte
d'insubordination.

« Metz, 9 août 1790.

« Cinq à six cents miliciens se sont rendus chez
l'intendant, M. de Pont, le sommant de leur payer
une solde que le gouvernement leur avait promise, di-
saient-ils, et que d'après eux ce très-honnête homme
aurait empochée. Les explications ont duré jusqu'à

cinq heures du soir ; alors il a fallu leur donner à
chacun un billet de trois louis à toucher près du
trésorier, qui se doutant de l'affaire a répondu qu'il
était sans argent. Alors ces forcenés sont retournés
à l'intendance, en ont forcé la porte, ont enlevé
M. de Pont en l'abreuvant d'outrages et se préparaient à le pendre à un réverbère quand la garde
nationale l'a délivré. La populace a essayé de le reprendre ; on a dû déployer le drapeau rouge et faire
avancer deux canons. On doit à la garde nationale
cette justice qu'elle s'est conduite parfaitement bien,
n'ayant pas mis plus de dix minutes à se trouver
sous les armes. Mais pourquoi la municipalité
a-t-elle été douze heures sans prendre aucune mesure ?
Faut-il donc que le sang coule ou soit près de couler
pour émouvoir ces messieurs ? Dans le principe vingt
hommes auraient empêché cet attroupement.

« Les détachements de mon régiment doivent être
arrivés à leur destination : Thionville, Saarlouis et
Montmédy. Le colonel de Cirfontaine est arrivé ici
et paraît singulièrement affecté de tout ce qui se
passe. Les officiers du régiment lui ont témoigné
combien ils étaient aises de son retour qui les déli-
vrait du commandement du lieutenant-colonel. Le
régiment de Picardie est parti aujourd'hui pour
Saarlouis, en sorte que notre garnison est aujour-

d'hui très-faible. On ne nous a pas encore payé nos
appointements de l'hiver et j'ignore quand ce sera. »

Si le retard apporté dans le payement de la solde
était quelquefois la cause réelle des révoltes dans les
régiments, c'était le plus souvent le prétexte. D'ailleurs l'impunité accordée aux soldats qui avaient
pillé les caisses donnait aux autres le désir d'user
de ce moyen pour se procurer de l'argent. Aussi
devenait-il chaque jour plus difficile de conserver
la discipline ; la vie des officiers était sans cesse en
péril.

« Metz, 7 septembre 1790.

« Vous avez eu sans doute bien des versions sur
l'affaire de Nancy. Comme nous y avions une certaine partie de notre garnison, je puis vous en rendre un compte véritable. La garnison de Nancy était
composée de 3 régiments : Le Roi à 4 bataillons ;
un Suisse à 2, et le régiment maître de camp cavalerie, formant un effectif de 3,400 hommes dont 400 à
cheval. Ces trois régiments s'étaient réunis et de-
mandaient des sommes assez fortes qu'ils préten-
daient leur être dues. Après des menaces de pillage
des caisses, le gouvernement envoie M. de Malseigne
pour juger de la validité des demandes. Ce M. de
Malseigne est un homme superbe de cinq pieds onze

pouces, l'air imposant et ancien major-général des
carabiniers dont il avait su se faire adorer. Peu de
jours après son arrivée, comme il n'avait pas accueilli favorablement les exigences de certains suis-
ses, l'un de ceux-ci lui mit la main au collet. M. de
Malseigne saute en arrière, tire son sabre et le casse
dans le corps de l'insolent ; un autre suisse arrive
menaçant ; devant cette nouvelle agression l'inspecteur n'a que le temps de saisir l'épée du grand-
prévôt qui se trouvait là, et met le révolté hors de
combat. L'émeute se calme et l'Assemblée nationale,
informée du fait, rend un décret que vous avez dû
voir dans vos feuilles. Mais dès que la garnison eut
connaissance des mesures disciplinaires ordonnées,
elle se porta chez le commandant de la place, M. de
Noüe, se saisit de sa personne et le mit en prison
avec beaucoup d'officiers. M. de Malseigne n'eut que
le temps de se sauver à Lunéville ; il y est de suite
poursuivi par un détachement de cavalerie : — là
pourtant les carabiniers montent à cheval pour défendre leur ancien chef, tuent et prennent quelques
hommes du détachement qui revient à Nancy. Aussitôt la garnison prend les armes, des bourgeois font
de même et pour cela pillent l'arsenal, et toute cette
troupe marche sur Lunéville. Là on commence par
des députations ; mais ceux de Nancy gagnent les

carabiniers qui ont la bassesse de livrer leur ancien
chef qu'on ramène à Nancy où il est mis en prison.
Pendant ce temps notre général, M. de Bouillé, se
préparait à faire exécuter le décret. Malgré le peu
de force dont il peut disposer, il part de Metz le 19
au soir pour Toul, laissant ordre à la milice de partir le lundi au nombre de 500, à deux heures du matin. Quatre pièces de 4 avaient quitté la ville le di-
manche à midi. Le lundi, ordre est donné aux six
compagnies de grenadiers et de chasseurs de se mettre en marche avec deux pièces de 8 et deux de 4.
On ne les fait partir aussi tard que pour ne pas les
laisser trop longtemps devant Nancy où elles auraient pu être séduites, comme il venait d'arriver
pour la garde nationale de Toul qu'il avait fallu faire
revenir dans les fossés.

« Nous avions donc en tout pour l'expédition : 500
miliciens de Metz, 600 grenadiers et chasseurs,
1 bataillon de vigies, le régiment de Royal-Liégeois,
voilà l'infanterie. — Pour la cavalerie : 1,200 carabiniers gagnés par les révoltés et dont on n'a pu
tirer aucun parti ; donc ne les comptons pas ; Royal-
Normandie ; 200 hommes de Louzun ; Condé-Dra-
gons ; les chasseurs du Hainault, et Royal-Allemand.
— Pour l'artillerie nous avions 8 pièces de canons
ainsi commandées : Dorival, capitaine ; d'Escriennes,

lieutenant en premier; de Maquart et de Flavigny, lientenants en second; Bellemontre et Grigni, lieutenants en troisième. Total 5,000 hommes environ, par suite du grand incomplet causé par les désertions.

« Cependant, ayant rassemblé son monde autour de son quartier général de Champigneules, le mardi 31, M. de Bouillé fait sommer Nancy de lui remettre aussitôt les officiers détenus; la ville obéit. Il demande alors qu'on lui livre 4 mutins par compagnie : on entre en pourparlers, mais comme il devenait évident que les soldats insurgés ne cherchaient qu'à gagner du temps, et comme l'exemple donné par les carabiniers pouvait être fâcheux, le général s'avance vers la ville et fait deux attaques, l'une commandée par lui-même, l'autre confiée au brave de Menou, lieutenant-colonel du régiment d'Auvergne. Les portes sont enfoncées à coups de canon, et on peut empêcher les révoltés de se servir de quatre grosses pièces qu'ils avaient tirées du rempart pour les braquer dans la rue. Nos régiments entrent dans Nancy, mais c'est alors que les soldats insurgés, auxquels se joignent des gens de la ville, massacrent à leur aise, depuis les fenêtres, nos hommes qui sont à découvert. Le combat dure de quatre heures du soir à sept heures. Mais à ce moment, M. de Bouillé est maître

de Nancy, où pourtant se trouvaient 12,000 révoltés
en armes, tandis qu'il n'avait à leur opposer que
5,000 hommes, dont il avait de bonnes raisons de
se défier. Nous avons eu 35 officiers tués et beaucoup de blessés. Quant aux pertes des insurgés, elles
sont considérables. Les commissaires du gouvernement sont arrivés à Nancy, que notre général a quitté
en y laissant notre détachement pour veiller à la
sûreté de la ville, car le projet des révoltés était de
piller le clergé et de démolir les maisons de tous les
gens riches qui avaient pris la fuite. Nos hommes
de Dommartin se portent bien. Je suis de garde à
l'heure où je vous écris, et Salomon me prend en
grande confidence pour me charger de ses respects
pour vous. Jacquin est mon caporal et fait de même. »

Il devenait donc de plus en plus difficile de compter sur l'obéissance de l'armée ; les troupes étaient
partout disposées à la révolte ; on ne pouvait plus
répondre d'un seul régiment en face de l'émeute. Si,
à l'Assemblée, les révolutionnaires exaltés se réjouis-
saient de cet état de choses, les esprits éclairés s'en
effrayaient, car un jour pouvait venir où l'on n'aurait
rien à opposer ni aux hommes de désordre, ni à
l'étranger. Mirabeau avait pensé que le seul remède
serait de licencier d'un seul coup l'armée et de la

recréer aussitôt : « Nous ne savons, écrit M. de
Dommartin, si l'idée de M. de Mirabeau prendra,
mais il est urgent de réorganiser l'armée. »

Cette réorganisation indispensable marche lentement; la Révolution craint l'armée forte et disci-
plinée. Les officiers se lassent et se découragent.
Pendant ce temps, l'inquiétude gagne la France entière. Mme de Dommartin désire voir son fils; elle a
besoin de lui pour se rassurer; d'ailleurs elle a
marié sa fille à M. d'Armand de Chateauvieux, et il
lui serait doux, dans un temps si triste, d'être entourée
de ses enfants. Auguste de Dommartin demande un
semestre; il l'obtient et ne rentre à son régiment
que le 16 février 1791. Pendant son séjour au foyer
de famille, les événements sont devenus chaque jour
plus inquiétants; l'avenir est plein de menaces.
Rien n'arrête plus la révolution, et la guerre étrangère se prépare. En disant adieu à son fils, Mme de
Dommartin lui a fait promettre de lui donner bien
vite des nouvelles.

« Metz, 20 février 1791.

« Je suis arrivé mercredi comme je le pensais, et
je m'empresse de vous faire savoir ce que j'ai re-
cueilli ici depuis ce peu de temps. Tout le monde
s'accorde à penser que le moment est critique.
L'empire arme pour détruire une constitution qui

doit, dit-on, faire notre bonheur. 80,000 hommes
sont actuellement dans les Pays-Bas. Les nuages
entre Vienne et Berlin sont dissipés; la paix entre les
Turcs et la Russie semble prochaine. Léopold va
donc être libre d'effectuer les infâmes complots que
lui et ses ministres ont formés contre *notre régéné-
ration*. En attendant, il est parti avant-hier de cette
ville cent hommes à cheval et autant d'une garnison
voisine, pour faire rentrer dans le devoir les habitants de Sarreguemines qui ont voulu pendre le commissaire dictatorial envoyé pour rétablir les barrières.
Colmar s'est insurgé en sens contraire. On y a envoyé 800 hommes; mais en arrivant ils ont pris les
sentiments des habitants et ont crié: Vive le Roi!
Vive la Reine; au feu l'Assemblée! Comment tout
cela finira-t-il? s'il n'y a pas d'événements graves,
je retournerai vous voir dans un mois. Nous avons
un nouveau général qu'il est difficile de deviner. Il
sait plaire à tous les partis et il faut beaucoup de
talent pour cela. Il marie demain sa fille à M. de
Contades, petit-fils du maréchal de ce nom, et qui
vient de quitter l'ordre de Malte. Hier quelques
prêtres ont prêté le serment; mais on ne parvient
pas à l'obtenir du plus grand nombre; plusieurs
passent à Trèves; on y comptait dernièrement 14
évêques réfugiés.»

La perspective d'une guerre prochaine oblige enfin le gouvernement à s'occuper d'une réorganisation rapide de l'armée. M. de Dommartin en profite pour revenir près de sa mère. C'est là qu'il reçoit sa commission de lieutenant pour un régiment d'artillerie formé à Givet; il y arrive; mais il apprend qu'il est désigné pour un autre régiment, et aussitôt il l'annonce à sa mère : « Je ne sais où je vais aller ; j'écris à Paris pour qu'on m'envoie des nouvelles directes à Dommartin où je serai de retour dans dix jours. Je viens de traverser la cour du quartier pour aller voir ce pauvre de Saulx qui n'est pas bien; il aurait, paraît-il, une fièvre putride; je l'ai trouvé sommeillant et battant la campagne. Cependant, pour ne pas inquiéter sa famille sans raison, j'attendrai la visite du médecin avant d'écrire à son oncle qui est retourné à Joinville.»

Quatre jours plus tard ce jeune officier succombait, et son ami l'annonce en quelques lignes :

« Je ne puis écrire que ces quelques mots pour vous mander la mort de ce pauvre Saulx que nous avons perdu ce matin; je ne pourrais vous dire combien je suis affecté. »

Comme il l'avait annoncé il revient à Dommartin, et c'est là qu'il reçoit une commission de lieutenant

en premier, pour un régiment d'artillerie formé à
Metz. Mais là encore on refond les régiments.

« Metz, 7 juin 1791.

« Les craintes que j'avais étaient trop bien fon-
dées; nous avons reçu ce soir de nouvelles destina-
tions. On m'envoie à Auxonne. Je ne me console pas
de quitter mes camarades qui étaient pour moi une
autre famille. Nous sommes cependant quatre bons
amis qui partons ensemble : Surmain, Parceval,
Sarazin et moi. Dites à du Chesnoy que Berthon de
Lamothe étant aujourd'hui le dernier capitaine
commandant, il peut d'après cela calculer son avancement. »

La violence de la presse et des clubs jetait l'alarme
dans Paris; l'émigration avait commencé. La mort
de Mirabeau enlevait à la royauté le seul homme qui,
après l'avoir ébranlée, semblait vouloir la défendre.
Le 20 juin le roi se décide à fuir; il est arrêté. La
nouvelle arrive à Metz le surlendemain : M. de Dommartin écrit aussitôt à sa mère.

« Metz, 22 juin 1791.

« Le roi est arrêté à Varennes à quinze lieues
d'ici. Nous ne pouvons savoir s'il a été délivré par

les troupes qui sont dans cette partie. Comme les portes sont fermées, je ne puis me rendre à ma garnison nouvelle. Adieu, je suis hors de moi; nous sommes donc tous des poltrons! Cependant, quelle gloire de mourir pour son roi! Adieu.»

Le lendemain seconde lettre.

« Metz, 23 juin 1791.

« Je me porte bien, voilà tout ce que je puis vous dire; ma lettre d'hier vous en apprendra davantage. Personne ne peut sortir, en sorte qu'il m'est interdit de gagner ma garnison. Mais Rennepont a pu rejoindre sa compagnie à Sedan. Adieu. »

Le roi rentre à Paris, et en réalité sa prison commence. Quelques officiers quittent leur corps et ne veulent plus servir. M. de Dommartin hésite; il arrive à Auxonne.

« Auxonne, 22 juillet 1791.

« Me voici à mon régiment; je ne vous parle pas de notre position; il y a aujourd'hui bien du mérite à rester à son poste; il faut tendre le dos. Tous les officiers ont prêté le serment et nous avons reçu l'ordre d'être au complet de guerre; ce sera bien difficile, attendu qu'il nous manque près de

600 hommes. Je ne vous dirai rien des affaires du temps ; vous êtes plus au fait que moi, et je me suis fait à moi-même le serment de ne plus lire de papiers publics. »

Il craint d'être tenté de fuir un pays que tant d'autres abandonnent, mais il pense à la guerre qui menace ; comme il se l'est juré, il ne lit plus de journaux et ne s'occupe que de son service.

« Auxonne, 20 août 1791.

« Nous attendons le travail qui se fait sur les officiers ; si je ne suis pas capitaine il ne s'en manquera guère, dans tous les cas j'aurai peut-être un congé et j'irai près de vous. J'achèterai un cheval de réforme jusqu'au moment où notre petite Fauvette sera en état d'être montée, en sorte que si la guerre est décidée, avec très-peu d'assignats je serai en mesure d'entrer en campagne. Notre régiment est assez tranquille quoiqu'il ne touche qu'un quart de solde et encore en assignats. Nous parvenons à mettre la discipline sur un pied où elle n'a jamais été ; mais je doute que nous puissions nous compléter, car il nous manque quantité d'hommes. Pour des nouvelles je n'en sais pas ; nous vivons tous ici dans la plus heureuse ignorance de ce qui se passe. »

V

Le congé que M. de Dommartin avait espéré lui
est refusé, l'ordre lui est donné de revenir à Metz
avec sa compagnie. Il se met en marche.

« Langres, 30 septembre 1791.

« Je n'ai pas pu vous écrire au moment de notre
départ, car il a été si précipité que nous avons eu à
peine douze heures pour nous préparer. Je suis à
Langres où nous faisons séjour et où, par le plus
grand des hasards, j'ai trouvé M. d'Allonville et sa
famille qui m'ont fait les plus grandes honnêtetés.
J'ai eu aussi le plaisir de voir M. de Baussancourt et
deux de ses filles qui m'ont reconnu à l'air de
famille et m'ont cousiné, de sorte que je me suis
trouvé en pays de connaissance. Je me suis aussi

présenté chez M. de Nogent où j'ai été parfaitement reçu; j'ai vu chez lui mademoiselle sa fille qui est charmante. Enfin j'aurais grand plaisir ici, si je ne passais si près de vous sans pouvoir aller vous voir. Mais il ne nous est pas possible de quitter d'un pas notre troupe, surtout dans cette ville de Langres où nous avons été précédés par des gardes nationales qui y ont causé les plus grands désordres, dévastant l'église des Capucins tandis que les catholiques y faisaient l'office et commettant nombre de vexations particulières qu'il serait trop long de vous rapporter. Comme à notre arrivée on a cherché à exciter nos soldats à faire de même, nous avons eu besoin de beaucoup de soin pour les en empêcher; nous y sommes parvenus. Vous pouvez penser qu'il m'en coûte puisque cela m'a empêché de passer quelques heures avec vous. »

Si les gardes civiques sont loin de donner l'exemple du respect des propriétés, du moins, grâce à l'énergie des anciens officiers de l'armée royale, les troupes régulières sont redevenues souples à la discipline; mais les actes du gouvernement répugnent à beaucoup d'officiers qui songent à donner leur démission. M. de Dommartin ne sait quel parti prendre; il écrit à sa mère ses hésitations: « Il n'y a

guère moyen de tenir à nos postes, dégradés comme
ils le sont. »

Cependant à Metz, où il arrive le **22** octobre, il
reprend courage, on parle de guerre, et l'armée
pour lui est la sauve-garde de la France au dedans
et au dehors; il pense que le devoir des gentilshommes est de rester sous les drapeaux. « C'est à
l'armée, écrit-il, qu'est la place de tous les gens de
bien, aussi je pense avoir trouvé moyen d'y faire entrer Raymond de notre village; je crois lui avoir un
brevet de sous-lieutenant d'infanterie. Il faut que
vous m'envoyiez sur-le-champ son extrait de baptême,
l'état des services de son père dans la milice, et un
certificat de civisme de la municipalité, visé au dis-
trict. **M.** de Belmont ne me refusera pas cette place
pour lui. »

Bientôt l'armement des villes fortes est ordonné
et les régiments de Metz envoyés à la frontière.
Celui de M. de Dommartin doit partir le **21** novembre pour Givet. Le **18** il apprend que son père, malade depuis longtemps, est à toute extrémité. Impossible de quitter l'armée sans un congé du ministre.
Il écrit aussitôt.

« Metz, 18 novembre 1791.

« Ma chère maman, je viens de recevoir une
lettre de M. de Chateauvieux qui m'annonce que

nous sommes au moment d'éprouver la plus grande des pertes. Je ne vous parlerai pas de ma douleur; que ne m'en coûte-t-il une partie de mon existence pour prolonger celle de mon père! Par grâce, ma chère maman, modérez votre chagrin et n'aggravez pas le nôtre en ne ménageant pas votre santé. Vous êtes notre consolation et songez à vos enfants qui ne s'occuperont que de la vôtre. Que ne puis-je partager ce soin avec ma sœur! mais il faut que j'attende la réponse au congé que je demande. Je viendrai alors répandre des larmes avec vous et je serai heureux si je puis vous être de quelque secours. J'envie le sort de ceux qui vous entourent; ils ont été heureux d'avoir les derniers regards de mon père. Pour moi, je suis assez malheureux de ne pouvoir lui demander pardon des chagrins que je lui ai peut-être causés, ni recevoir sa bénédiction. Adieu, ma chère maman, pensez à votre fils; votre souvenir et l'assurance de votre amitié peuvent seuls le consoler. »

Il est en marche sur Givet lorsque la nouvelle de la mort de son père lui parvient; il arrive dans cette ville le 5 décembre, et le lendemain il envoie à sa mère ces quelques lignes : « J'ai beaucoup de chagrin et je ne puis aller près de vous; mon misérable état ne me permet pas de vous aider à supporter des peines qui seraient moins cruelles si j'étais près de vous. »

A cette époque de bouleversement général, quelques officiers de la noblesse, par ambition ou par crainte, ont commencé à se montrer disposés à accepter même la république. On les voit dans les clubs. M. de Dommartin déplore leur conduite :

« Givet, 16 décembre 1791.

« On nous envoie pour nous commander ici M. de ***, un fort jeune homme que vous pouvez juger par la motion qu'il a faite au club de Maubeuge, d'où il arrive, de partager la couronne royale en quatre-vingt-trois parties et d'en envoyer une à chaque département[1]. On a voulu me détacher à Philippeville sous les ordres de M. de ***, mais outre que je suis très-attaché à mon capitaine, il y a une telle différence d'agir entre lui et celui qu'on me donnait, qu'il m'eût été pénible de partir. D'ailleurs je ne pouvais me décider à obéir à M. de ***; alors j'ai déclaré que je ne partirais pas et que je m'en irai dans un pays où je pourrais être tranquille. On

---

1. Cet officier, que nous ne voulons pas nommer, fut de ceux qui depuis demandèrent pardon à la reine.

n'a plus insisté; mon détachement est parti sans moi,
et j'ai reçu ordre de rester ici. »

« Givet, 24 décembre 1791.

« Je compte toujours, chère maman, aller passer
quelques jours avec vous, comme je l'ai écrit à M. le
curé; je voudrais que ce fût bientôt, mais les cir-
constances ne permettent guère de l'espérer. Nous
avons reçu aujourd'hui le lieutenant-général, et nous
attendons d'un jour à l'autre le ministre de la guerre
qui vient visiter les frontières. On parle beaucoup de
guerre et du rassemblement de trois armées. Givet
regorge de munitions de bouche. On sale en ce moment cinq cents bœufs gras et une prodigieuse quantité de moutons et porcs dont la chair coûtera fu-
rieusement cher quand nous serons en position de
la manger. Quant aux munitions de guerre, elles
manquent singulièrement et cette disette est presque
générale partout. Le pillage des arsenaux a forcé à
faire un marché avec les Liégeois pour remplacer les
fusils volés. On en a commandé quatre-vingt-sept
mille. Quelques-uns sont arrivés ici que l'on doit
éprouver incessamment. Autant qu'on en peut juger,
ils sont de qualité médiocre. Dieu veuille que l'année
qui va commencer soit moins malheureuse que celles
qui précèdent. Nous avons besoin d'un temps calme.

Je le désire bien pour vous, ma chère maman, et pour
moi qui ne souhaite que d'être à même d'aller partager vos chagrins. »

A la fin de janvier 1792, M. de Dommartin obtient
le congé qu'il avait demandé, et le ministre le main-
tient dans ses foyers jusqu'au mois de mai. Il reçoit
alors sa commission de capitaine et revient à Metz.
Mais en arrivant il apprend qu'il est désigné pour un
régiment du Midi, seulement on ne peut lui dire
dans quel lieu il le trouvera; c'est à Lyon qu'il en
aura des nouvelles. Il part aussitôt, et dans la lettre
qu'il écrit en y arrivant, il fait une description cu-
rieuse de ce qu'était la ville à cette époque :

« Lyon, 10 juin 1792.

« Chère maman, je suis arrivé à Lyon le vendredi
8 du courant et je compte en partir demain pour me
rendre à Valence qui n'est qu'à vingt lieues. Là,
j'apprendrai, je pense, des nouvelles de ma compagnie. Ce dont je suis sûr, c'est qu'elle n'est plus à
Avignon. Mais il est possible qu'elle soit au pont de
Beauvoisin où se forme un camp. On en établit également un près de Lyon et on attend tous les jours
quatre compagnies de notre corps qui doivent s'y
rendre. Vous recevrez de mes nouvelles le lendemain

de mon arrivée à Valence; je pourrai alors, j'espère, vous dire quelque chose de positif.

« J'ai été fort content de certains quartiers de Lyon; ils sont d'autant plus beaux qu'ils font contraste avec l'air antique de ceux qui les environnent. Dans la plupart des rues des vieux quartiers, deux voitures ont peine à passer de front. Comme la ville est très-peuplée, les maisons ont jusqu'à six étages, de sorte que le soleil ne doit jamais sécher le pavé et qu'il fait toujours frais et sombre. L'hôtel Bourbon où je suis logé est dans la plus belle position possible; il est situé sur le quai de Saône; en ace est le coteau opposé à la rivière. Bien que compris dans la ville, ce coteau n'est bâti que dans la partie qui avoisine la Saône, et le reste du versant est parsemé d'habitations isolées avec de grands jardins; ce sont de véritables maisons de campagne. L'église Saint-Jean est dans ce quartier, près de la Saône. C'est un bâtiment fort ancien dont l'intérieur est sombre et appelle le recueillement. J'ai vu avec peine qu'on venait d'en détruire le jubé ainsi que la clôture du chœur, ce qui lui ôte de son aspect religieux et antique. Avant de vous parler de Lyon j'aurais dû vous dire quelque chose des pays environnants. Depuis Chalon, je ne connais pas de plus beau pays; c'est un parterre couronné par les montagnes du Beaujolais. Je me suis trouvé dans la diligence avec l'abbé Denis, un excellent homme qui m'a promis d'aller vous voir à son retour en Champagne. J'oubliais de vous dire qu'à mon passage à Langres j'ai serré la main à MM. d'Allonville et de Nogent. »

Les deux lettres suivantes sont encore une rapide relation de voyage.

« Marseille, 15 juin 1792.

« Chère maman, je suis parti de Lyon le lundi 11 du courant et je suis arrivé le même soir à Valence vers dix heures. Heureusement le commandant n'était pas encore couché et j'ai pu apprendre de lui que ma compagnie était à Antibes, en sorte que j'ai continué ma route jusqu'à Marseille. Je compte m'embarquer demain ; adieu, car il faut que je cherche un bâtiment. »

« Antibes, 22 juin 1792.

« J'ai débarqué à Antibes hier 20 juin, chère maman, très-fatigué de ma longue route. N'ayant pas trouvé à m'embarquer à Marseille, j'ai pris le parti d'aller par terre à Toulon où je suis resté un jour. J'y ai vu M. de Lagrange dont le fils et la femme sont malades, il espère pourtant partir bientôt pour

la Champagne et a l'intention d'aller vous rendre visite. Je me suis embarqué le 18 au soir sur une tar-
tane se rendant à Cannes, bourg à deux lieues d'Antibes. Nous avons relâché une demi-journée à Hyères
pour charger du sel. La mer ne m'a pas incommodé,
bien qu'elle fût si grosse qu'il a fallu jeter par-dessus
bord une partie de la cargaison. J'ai seulement rap-
porté à terre une légion de puces dont je n'ai encore
pu me défaire et qui m'ont tellement molesté que
j'ai le corps rouge comme si j'étais atteint de la
rougeole.

« Nous sommes ici trois compagnies d'artillerie
avec un bataillon du régiment du Maine. Les bourgs
des environs sont également occupés par des troupes
destinées à former un camp de sept à huit mille
hommes, sur le bord du Var. Cependant nous avons
de fortes raisons de croire qu'il n'aura pas lieu d'ici
à quelque temps, par suite des chaleurs tropicales qui
ne permettraient pas de rester sous la tente. J'ai
trouvé ici comme capitaine d'une de nos compagnies M. de Songis, voisin de M. de Romaine avec
lequel il est lié ; c'est un agrément pour moi dans
ce pays où l'on est obligé de se suffire à soi-même.
Nous y sommes en disette complète de nouvelles. »

VI

Antibes à cette époque était si loin de Paris et les communications étaient devenues si irrégulières, qu'on devait demeurer plus d'un mois sans connaître dans la garnison les événements du 20 juin et l'envahissement des Tuileries. Au commencement de juillet, on ignore encore les progrès de plus en plus rapides de la Révolution ; les lettres à cette date n'accusent aucune préoccupation.

« M. du Chaffaut, qui commandait notre détachement d'artillerie, est parti avant-hier pour Paris; il m'a laissé le détachement et je suis commandant du fort qui se trouve ici. Je vais avoir beaucoup d'occupations par l'arrivée de cinquante recrues dans ma

compagnie; les recrues des autres compagnies me
sont également envoyées pour les instruire, en sorte
que j'en aurai cent au début et ensuite d'autres
puisqu'on forme ici le dépôt de l'artillerie. Je ne
compte cependant pas camper avant la fin de septembre à raison des grandes chaleurs. Jusqu'à présent les dispositions hostiles de Sa Majesté Sarde ne
sont point effrayantes. J'ai écrit à madame de Ségur
pour qu'elle recommande à M. son frère M. du
Chaffaut.

« Vous ne sauriez croire combien je trouve ce pays
triste après ce qu'on m'avait dit de la Provence. Je
ne m'habitue pas aux grandes chaleurs ni aux in-
sectes qui me dévorent, malgré les précautions que
je prends. Il y a des habitants qui secouent leurs
vêtements par la fenêtre, et alors attrape qui passe.
Je ne puis faire un pas dans la rue sans revenir couvert de puces, et vous qui savez combien je souffrais
à la maison pour une seule de ces méchantes bêtes,
vous pouvez croire aisément que j'ai le corps rempli
d'ampoules. J'aurais besoin d'un cheval et d'un domestique, deux choses impossibles à trouver dans ce
pays. Ne pourriez-vous me procurer un domestique
à Dommartin? »

A cette lettre madame de Dommartin s'empresse

de répondre que deux jeunes gens du village sont
disposés à rejoindre son fils, car les levées commen-
cent, les émeutes ensanglantent les villes, la crainte
gagne les habitants paisibles des campagnes où les
agitateurs sont peu nombreux, mais hardis et mena-
çants.

« Antibes, 22 juillet 1792.

« Je viens, ma chère maman, de recevoir votre
lettre ; j'écris de suite à Clément et lui indique la
manière de s'y prendre pour arriver ici en passant
par Grenoble où se trouve l'état-major, car moi je
n'ai pas le droit de recevoir des recrues. Quant à
votre filleul Auguste, je lui écris également que je le
prends à mon service pour que cela lui serve d'enga-
gement. Le meilleur est donc de me l'envoyer sur-le-
champ. Notre province est très-agitée. Plusieurs personnes ont été pendues à Marseille. Les mêmes
scènes se sont renouvelées à Toulon où des adminis-
trateurs ont été massacrés sous l'accusation d'être
opposés au projet de république. Malheureusement
certaines gens applaudissent. Il n'y a que dans notre
petite ville d'Antibes où l'on soit tranquille : une
municipalité excellente, un club de très-honnêtes
gens et des citoyens presque tous propriétaires, c'est
la raison du bon esprit que l'on a ici. J'aurais bien

autre chose à vous dire, mais il ne serait pas prudent de se confier au papier. »

Il devenait dangereux en effet non-seulement d'écrire, mais même de parler. Madame de Dommartin, plus rapprochée de Paris, apprend les massacres du 10 août et l'emprisonnement de la famille royale au Temple. Écrasée par des événements qui la désolent et l'indignent, elle n'a pas la force d'écrire à son fils. Celui-ci se préoccupe d'un silence inaccoutumé.

« Antibes, 1er septembre 1792.

« Chère maman, vous ne sauriez croire combien je suis inquiet de ne pas recevoir de vos nouvelles. Je ne sais si les lettres sont interceptées, mais depuis plus de trois semaines je n'en ai pas reçu de vous ; je suis tout triste. Jusqu'ici vous m'écriviez tous les huit ou dix jours comme nous en étions convenus ; je ne saurais vous dire combien je suis tourmenté. C'est une si douce satisfaction pour moi de recevoir de vos nouvelles, surtout dans le temps où nous sommes, que je suis hors de moi quand les courriers arrivent ne m'apportant rien. »

La lettre tant désirée arrive le lendemain et il y répond aussitôt.

« Antibes, 3 septembre 1792.

« Je viens de recevoir votre lettre du 20 août ; je
commençais à être dans une grande inquiétude et
vous pouvez en juger par ce que je vous ai écrit
avant-hier. Je vous en conjure donc, écrivez-moi à
peu près toutes les semaines, car d'un jour à l'autre
on ne sait ce qui peut arriver ; il faut donc s'écrire
souvent. Je ne vous parlerai pas des affaires du
temps, c'est impossible. Puisque vous prenez le
parti de m'envoyer Auguste, ne manquez pas de lui
donner mes pistolets. Je ne sais combien vous lui
aurez remis pour sa route, en tous cas je vous adresse
trois assignats de 50 livres. Vous voyez que je ne
veux pas aggraver la gêne de votre position ; vous
ne sauriez croire combien je m'en afflige. La mienne
est infiniment préférable bien qu'elle ne vaille pas
grand'chose ; mais dans ce temps il faut louvoyer
pour parvenir plus sûrement au port. Pour qu'on
n'ait aucun prétexte de vous chagriner là-bas en pré-
tendant que je suis sorti du royaume, je vous envoie
une attestation de la municipalité d'Antibes qui, je
l'espère, fera foi. Engagez ma sœur à se tranquilliser
un peu. Si le calme suit l'orage, nous avons des droits
à ce calme si désiré. »

Auguste, qui devait être jusqu'à sa mort le fidèle

et dévoué serviteur du fils de sa marraine, arrive à Antibes le 14 septembre, apportant de vive voix de tristes nouvelles du pays. Les réquisitions et les vexations de tous genres s'exercent dans les villages. M. de Dommartin s'en attriste.

« Antibes, 15 septembre 1792.

« Vous avez vu, chère maman, que j'avais prévu la nécessité pour vous d'avoir un certificat attestant ma résidence en France. Je vous l'ai envoyé avant même que vous me le demandiez. Tout ce que je puis faire pour vous, c'est de souhaiter qu'on vous laisse tranquille. »

La guerre commencée dans le nord va s'étendre dans le midi.

« Antibes, 26 septembre 1792.

« Je n'ai presque pas le temps de vous écrire, nous sommes surchargés d'occupations ; on vient de former près de la ville un camp qui deviendra de plus en plus considérable, dans le but d'attaquer le roi de Sardaigne dont, j'espère, nous aurons bon compte. L'ardeur de nos soldats est telle qu'ils ne donneront peut-être pas le temps de construire un pont sur le Var, ce qui pourtant faciliterait beaucoup l'attaque. Je vous prie de ne pas m'écrire avant d'avoir d'au-

tres nouvelles, car il est possible que nous ne res-
tions pas toujours dans cette position. A bientôt une
nouvelle lettre. Il est grand temps que nous mar-
chions à la gloire. »

Cette lettre est la dernière dont l'adresse porte :
à Madame de Dommartin ; depuis ce jour, pour sa
sécurité et celle de sa famille, il doit prendre la formule républicaine et les adresses sont ainsi modi-
fiées : à la citoyenne Dommartin ; on remarque aussi
que ce n'est plus qu'à de rares intervalles qu'il risque dans sa correspondance une plainte, ou seulement une observation sur la politique.

« Nice, 8 octobre 1792.

« Chère maman, j'ai été si occupé jusqu'à ce
jour que je n'ai pas encore eu le temps de vous parler de l'événement le plus singulier de cette guerre.
Les Piémontais, qui s'étaient retranchés jusqu'aux
dents sur les bords du Var, ont une belle nuit quitté
leurs positions, nous laissant d'énormes munitions et
se sont retirés dans le col du Tendre. Ils ont même
abandonné le château de Mont-Alban ainsi que la
ville et la citadelle de Villefranche. Vous remarque-
rez que 500 hommes laissés dans Mont-Alban auraient pu nous arrêter assez longtemps. Qu'est-ce

que cela veut dire? C'est peut-être un coup de fine politique, car je crains que tout cela ne nous mette l'Angleterre sur les bras. Nous allons sans doute prendre ici nos quartiers d'hiver, car la saison paraîtra peut-être trop avancée pour songer à s'engager dans le col du Tendre. Si donc je le puis, j'irai passer quelques jours avec vous malgré notre éloignement et la longueur du chemin. »

« Villefranche, 17 octobre 1792.

« Je viens de recevoir votre lettre et vous pouvez croire combien cela m'a fait plaisir. Je suis à Ville-franche où le général m'a envoyé pour dresser l'in-ventaire de ce qui se trouve dans le château et com-mander l'artillerie qui compte 100 pièces. Les mu-nitions de guerre sont considérables et j'ai beaucoup à faire. Comme par nature je suis assez paresseux, vous pouvez vous figurer combien il m'en coûte pour travailler du matin au soir, sans avoir même le temps de me faire habiller ni coiffer. J'ai en vérité l'air d'un mécréant, mais soyez tranquille, je n'en ai que l'air.

« Je vous plains de tout mon cœur de votre posi-tion, mais j'espère qu'elle aura une fin et j'espère aussi vous venir en aide. Je me trouve de la classe des capitaines à 2,400 livres. M. du Chaffaut étant nommé lieutenant-colonel, ma compagnie va porter

mon nom. Je désire bien vous aller voir, mais je ne
l'espère plus pour cet hiver; cependant s'il y a possibilité, je profiterai de l'occasion si elle se présente. Selon la façon dont vous me dites que l'on
vous traite pour les blés, il faut, si on continue, dire
à peu près adieu à l'agriculture.

« Je suis très-content d'Auguste, mais le mal du
pays le prend quelquefois. A chaque instant il arrive
ordonnance sur ordonnance ; je n'ai, comme je vous
l'ai dit, pas un moment à moi et je commence à être
aussi sale que les galériens que je fais travailler au
déblaiement du château, car je suis ici tout à la fois
artilleur, ingénieur, pourvoyeur, magasinier et vraiment plus que Michel Morin, puisque je fais en outre
les fonctions d'un prévôt de maréchaussée à raison
des grandes voleries d'effets et de munitions qu'on
s'est permises. En même temps j'ai presque des
pouvoirs de dictateur. J'espère me tirer de toute
cette besogne en travaillant comme un diable. »

L'armée est devenue le seul lieu en France où il
soit possible de vivre sans éprouver pour sa sûreté
des craintes continuelles. Dans les villes comme dans
les villages, les jours et les nuits sont remplis de ter-
reurs et d'appréhensions. Madame de Dommartin
n'ose écrire à son fils toutes les vexations auxquelles

elle est en butte ; elle les lui laisse pourtant deviner ; se sentant impuissant à la protéger, il cherche du moins à remonter son courage par la comparaison de sa position avec celle de personnes plus malheureuses ; on devine qu'il veut parler de la famille royale.

« Villefranche, 17 novembre 1792.

« D'après ce que vous me mandez, votre position doit être bien désagréable, et sans doute elle le serait encore davantage si je n'étais pas à l'armée ; mais il faut accepter son sort et s'abandonner à la Providence. D'ailleurs, en comparaison de ce qu'éprouvent en ce moment d'*autres personnes*, ce qui nous arrive de fâcheux peut être compté pour rien. Je vous prie de me donner souvent de vos nouvelles, de celles de ma famille et de nos amis, mais *rien que de vos nouvelles*. Faites mon compliment à madame de Montangon ; je désire que ce ne soit pas le seul enfant qu'elle ait, car il est nécessaire de voir se multiplier les honnêtes gens. Mille choses à cette famille qui doit vous être d'une grande ressource dans ce moment.

« J'ai été obligé de quitter la plume par l'arrivée des commissaires de la Convention près de notre armée. De trois qu'ils sont, deux appartiennent à notre arme et l'un de ceux-ci, qui a beaucoup connu mon oncle le général d'Anselme, n'a pas tari en éloges sur mon compte. Il est vrai que j'ai eu de la peine ici, et je ne comprends pas comment, étant aussi paresseux, j'ai pu mener cette vie active. J'ai dû prendre un secrétaire pour ma correspondance qui est trop considérable. C'est un jeune soldat, fort bien sous tous les rapports, qui remplit ces fonctions. »

M. de Dommartin, nommé un mois plus tard adjudant-major, revient à Nice au parc d'artillerie.

« Nice, 20 décembre 1792.

« Chère maman, je suis logé dans une fort jolie bastide que j'occupe en entier avec deux de mes camarades : d'Anthouard qui est de Verdun, et que j'ai beaucoup connu autrefois, et Monestrol, avec lequel j'ai été bientôt lié ; il est de la promotion de 1781. Je veux vous souhaiter une heureuse année ; pour me la faire passer bonne à moi, il ne me faut que l'assurance de votre amitié et celle d'un temps calme qui vous promette de nombreuses années heureuses. Vous ne sauriez croire combien je jeûne de ne pas être près de vous. Auguste vous fait ses compliments ainsi qu'à sa famille, et moi je vous embrasse. »

La tendre affection de son fils était la seule consolation de madame de Dommartin au milieu des tristesses et des ennuis dont elle était abreuvée. Elle avait peine dans ses lettres à contenir son indignation pour les horreurs de la Convention. Il lui répugnait surtout en écrivant à son fils de l'appeler citoyen. Pourtant l'absence de cette formule était un danger si sérieux pour la mère et le fils, qu'il est forcé de le lui dire.

« Nice, 26 décembre 1792.

« Je reçois votre lettre, mais n'ai pas celle de mon beau-frère qui me propose d'être parrain de son futur enfant. J'accepte, à la condition qu'on l'appellera Arnoult si c'est un garçon, et Thècle si c'est une fille, et même Thècle quand même ce serait un garçon. J'aime ce nom de Thècle à cause de Thècle Legout, seigneur de Moreille, dont la mère de M. de Chateauvieux descend ; mais je dois vous faire observer, au sujet de vos lettres, que je vous serai obligé de changer la formule de vos adresses en y mettant citoyen sans particule, car cela pourrait grandement nous compromettre d'écrire comme par le passé. Il faut aussi modérer les phrases.

« Je vous ai mandé dernièrement que j'étais rentré à Nice ; mais je suis obligé d'aller tous les jours à Villefranche parce que j'ai été nommé pour faire la

revue des munitions à bord des bâtiments de transport destinés à l'expédition de Sardaigne. J'ai dans
ce moment un troupeau de moutons au pâturage ;
cela m'amuse, car je me crois campagnard au milieu
de la guerre. Notre général a été appelé hier à Paris.
On ne sait pas la raison de ce voyage ni s'il reviendra.
Auguste va bien ; comme me voilà capitaine commandant, il y a apparence que nous avons fait ensemble un long bail. »

VII

**ANNÉE 1793. FORMATION DE L'ARTILLERIE A CHEVAL.
INSURRECTION DE LYON. SIÉGE D'AVIGNON.**

« Nice, 11 janvier 1793.

« J'ai été bien longtemps à répondre à votre dernière lettre, chère maman ; réellement nous sommes
si occupés qu'avant de prendre une plume, il faut
courir pour le service. Je saisis un petit moment
pendant la nuit, car dès le matin j'aurai beaucoup à
à faire. Les troupes destinées à l'expédition de Sardaigne se sont embarquées, en sorte que je suis délivré du soin de cet embarquement. Je comptais reprendre tranquillement les opérations du parc, mais
il faut maintenant que je fasse construire des batteries pour un camp retranché qu'on établit sur les
montagnes au-dessus de Nice. Il y fait très-froid et

je suis obligé d'y passer des journées entières. La
raison de cette précaution, c'est que l'ennemi nous a
obligés à revenir en arrière et à nous retirer jusqu'aux
montagnes qui ne sont qu'à trois lieues d'ici. Là il
fait très-souvent le coup de feu avec notre avant-
garde. Comme on craint qu'il ne reçoive des renforts,
il est bon d'être sur la défensive. Nous avons fortifié
l'ancien château de Nice ; quarante bouches à feu y
sont en batterie et le rendent respectable. Je pense
qu'il faudrait des forces très-supérieures aux nôtres
pour nous faire évacuer ce petit pays qui n'a d'importance qu'en raison de ses deux ports et aussi
parce qu'il joint Monaco à la France. Vous savez
sans doute que notre général est destitué ; je ne vous
ferai pas de réflexions à ce sujet. Il est remplacé par
le général de Biron que nous attendons [1]. »

La terrible journée du 21 janvier arrive. La Convention règne par la terreur. On tremble même
d'écrire ; les lettres sont courtes. Quelques mots
écrits avec crainte donnent laconiquement des nouvelles de la famille. C'est ainsi que M. de Dommartin apprend par une sorte de faire part que sa sœur

---

1. M. de Biron, qui avait servi avec distinction en Amérique,
fut décapité par la Convention.

est accouchée d'un fils. Tout est devenu danger de mort. Deux mois se passent sans qu'il ose écrire à sa mère.

« Nice, 2 avril 1793.

« Ma chère maman, j'ai été bien longtemps sans vous écrire. Ce n'est pas ma faute. Je ne sais si je vous ai dit que j'étais ici directeur du parc d'artillerie. C'est un grand travail pour peu d'émoluments, car on ne reçoit guère d'argent et depuis quatre mois je n'ai pas touché un sol. J'avais été nommé capitaine commandant d'une compagnie qui se trouve à Lyon, mais j'ai permuté pour rester ici à la tête de deux compagnies à cheval qui sont en formation. C'est là un service de faveur qui peut me donner de l'avancement. Le courrier passe ; il me faut monter à cheval ; toujours en courses, toujours en l'air, jamais un moment de repos : voilà ma vie. Détails de parc, bureau, correspondance, on n'en finit pas. Il est vrai que pour *les autres choses* je suis en repos et c'est beaucoup par ce temps-ci. Adieu, aimez-moi, s'il est possible, autant que je vous aime. »

« Nice, 7 avril 1793.

« Je viens de recevoir l'ordre de partir pour Valence où se formeront décidément les compagnies

d'artillerie à cheval. J'ai disposé de la lieutenance de
ma compagnie dans ce corps en faveur du jeune du
Muiron, neveu de la baronne de Courville. Il sort
des élèves de Metz. Faites-le savoir à ma tante d'Aulnay afin qu'elle le dise à madame de Courville. Ce
jeune homme est de la plus grande espérance. Mon
sergent-major a eu, sur ma présentation, la place
de lieutenant en second, de sorte que j'aurai tous
gens à moi. »

« Valence, 25 avril 1793.

« Je suis à Valence depuis hier, et c'est un grand
plaisir pour moi de penser que je me suis rapproché
de cent lieues de vous. Je suis arrivé ici en poste
avec M. de Sémonville, ambassadeur à Constantinople, qui va à Paris avant de partir pour sa destination. Je m'occupe activement de la formation et
de l'instruction de la troupe dont le commandement
m'est confié, et j'espère en faire quelque chose à mon
honneur. Ce corps d'artillerie à cheval sera très-
utile, et je m'efforce de le mettre à même de remplir
parfaitement le but de son institution. Je suis paresseux, vous le savez, chère maman, mais une fois en
selle, je tâche d'en valoir un autre. »

« Valence, 8 mai 1793.

« Je suis très-inquiet, il y a trop longtemps que

vous ne m'avez écrit. Pourquoi? vos lettres sont le plus grand plaisir que je puisse avoir; je vous prie de me le ménager toutes les fois que vous pourrez.

« J'ai toujours une rude besogne; enfin ma compagnie est complète et presque entièrement habillée, en sorte qu'il est très-possible que je parte bientôt pour l'armée. On m'a déjà demandé plusieurs fois, et c'est à qui aura mes hommes. Le général des Pyrénées m'a écrit ainsi que ceux des Alpes et d'Italie. Pourtant je ne puis me partager et ne sais donc où j'irai définitivement. Les troubles de Lyon sont apaisés. J'étais plus inquiet que je ne le laissais voir à cause d'un de mes camarades que j'y avais envoyé pour des emplettes. Il s'est tiré de là par miracle. Les troupes que ce département avait envoyées rentrent aujourd'hui, en sorte que le pays doit être tranquille. J'espère qu'il en est de même pour celui que vous habitez. Le peuple y est bon et j'aime à croire que vous n'avez pas été assujettie à des règlements qui ne pouvaient pas vous regarder. Notre commune n'aura pas oublié les bontés que vous avez eues pour les habitants et je veux croire à sa reconnaissance. Il y a longtemps que vous ne m'avez parlé de la famille d'Allegrain; donnez-m'en des nouvelles. Comment vont les enfants de ma sœur? Je soupçonne que mon filleul n'est pas le chéri, car vous ne m'en dites rien ; je serais fâché qu'il lui arrivât accident. »

L'insurrection de Lyon n'était pas terminée comme il l'espérait ; pendant plusieurs jours les courriers sont interceptés ; dès qu'il suppose qu'une lettre peut arriver à sa mère il lui écrit :

« Valence, 1er juin 1793.

« Vous avez sans doute connaissance par le bruit public de la nouvelle insurrection de Lyon. Comme nous ne savons pas au juste la cause de ces troubles, je me bornerai à vous dire qu'on s'est battu et qu'on porte à 800 le nombre des tués. On m'assure que la ville est aujourd'hui tranquille, et je vous donne à la hâte de mes nouvelles. J'en espère des vôtres. Le département de la Drôme envoie au camp de Salès des canons et bon nombre de gardes nationaux. Si cet exemple est suivi par les départements voisins il est à présumer que le mouvement insurrectionnel n'aura pas de suites. Moi je compte rejoindre bientôt l'armée. »

« Valence, 11 juin 1793.

« Je reçois votre lettre au moment où je venais de vous écrire pour vous dire que je vous déclarais guerre ouverte pour votre silence. Combien je vous

plains ! Les événements malheureux vous atteignent.
Je souhaite bien d'aller vous voir; mais quand cela
serait je n'emmènerais sûrement pas mes chevaux à
cause de l'éloignement. Vous pouvez donc vendre la
récolte de vos prés. Auguste se porte bien; je suis
très-content que son oncle soit maintenu maire. Les
procédés honnêtes de la municipalité ne m'étonnent
pas venant de lui. Il était difficile de vous faire tort,
on ne pouvait que vous inquiéter; mais c'est déjà
beaucoup. »

S'il cherchait à donner du courage à sa mère en
lui faisant espérer qu'il ne tarderait pas à se trouver
près d'elle, pourtant il ne l'espérait pas. L'insurrection des Marseillais allait mêler la guerre civile à la
guerre étrangère. Les insurgés avaient remonté le
Rhône jusqu'à Avignon où ils s'étaient fortifiés. Une
armée formée à la hâte sous les ordres du général
Carteaux marche contre eux et M. de Dommartin
fait partie de l'expédition. Il annonce à sa mère
l'entrée de l'armée à Avignon.

« Avignon, 27 juillet 1793.

« Chère maman, je commence seulement aujour-
d'hui à me retrouver, car depuis le moment où j'ai
quitté Valence pour commander l'artillerie contre les

rebelles de Marseille, je ne me suis presque pas dés-
habillé. Moi, mes chevaux, mon domestique, nous
sommes tous sur la litière. Seul, je me soutiens encore un peu. Le pauvre Auguste est si fatigué qu'il
n'en peut plus ; mes quatre chevaux sont aux abois.
Avez-vous entendu parler de notre armée? Le général Carteaux la commande : brave homme, ingé-
nieux, ayant su faire beaucoup avec fort peu de
moyens.

« Nous avons pris en passant le Pont-Saint-Esprit,
sans tirer un coup de canon. Après un repos de
quelques jours nous sommes arrivés devant Avignon. Les Marseillais y tenaient garnison au nombre
de 3,000 hommes, et un parti très-considérable
dans la ville était pour eux. Ils avaient beaucoup plus
de canons que nous, et dans le nombre plusieurs
pièces de 24 et 18, tandis que notre plus fort calibre
était 8 de campagne. Nous n'en avons pas moins
attaqué le 25 à deux heures du matin. Je leur envoyai
quelques bombes avec une pièce de canon démontée
et qui ne pouvait servir qu'à cela. Enfin, après un
feu continu de six heures, nous avons dû cesser l'assaut et faire retraite dans un assez bon ordre grâce à
quelques pièces de canon que l'on fit avancer pour
protéger l'armée. Mais la garnison marseillaise, affai-
blie et craignant un second assaut, évacua la ville,

qui nous ouvrit ses portes à neuf heures du soir. Notre cavalerie a poursuivi alors les Marseillais et leur a pris deux pièces de canon, beaucoup de munitions et bon nombre d'hommes. Voilà les faits véritables. J'espère que nous nous reposerons quelque temps ici, mais j'ignore de quel côté nous dirigerons ensuite notre marche. Je vous écrirai bientôt. »

« Marseille, 28 août 1793.

« Nous voici à Marseille depuis le 25. Nous nous en sommes frayé le chemin par trois petites affaires où notre armée a fait parfaitement son devoir. Les sectionnaires et leur armée, tout a disparu comme des ombres chinoises. Je connaissais Marseille, c'est une superbe ville ; mais j'espère que nous n'y resterons pas longtemps et qu'après avoir terminé avec les ennemis du dedans, nous nous hâterons d'aller voir ceux du dehors, d'autant que j'ai sous mes ordres le plus joli équipage de guerre que l'on puisse voir. Écrivez-moi, je vous prie ; je suis si occupé que je ne puis le faire bien longuement, mais soyez sûre que quand j'ai un moment à moi je l'emploie à penser à vous. »

VIII

Les lettres qui vont suivre ne sont plus de la main
de M. de Dommartin. On s'est battu le 7 septembre à
Ollioules, et il a reçu de graves blessures. Mais sa
pensée est toute à sa mère ; il faut lui cacher le danger ; il dicte aussitôt qu'il le peut des lettres où il
l'entretient de la guerre, parlant peu de lui, la ras-
surant sans cesse. Sa modestie est égale à sa force de
caractère.

« Quartier général du Bausset, 9 septembre 1793.

« Ma chère maman, je ne serais pas resté si longtemps sans vous donner de mes nouvelles si les opérations dont j'ai été chargé ne m'avaient pas privé de
ce plaisir. Je saisis avec empressement un moment

un peu paisible dans ma situation actuelle pour vous donner connaissance des progrès rapides que notre armée a faits en peu de temps. Nous avons chassé les rebelles devant nous, et, comme je vous l'ai écrit, nous sommes entrés à Marseille le 25 du mois dernier. Nous y sommes restés quelques jours pour renforcer notre armée, qui se dispose à faire le siége de Toulon que les Marseillais et les gens du pays ont livré aux Anglais qui s'y fortifient. J'avais oublié de vous dire dans ma dernière lettre que le général Carteaux m'avait nommé lieutenant-colonel à notre arrivée à Marseille.

« Avant-hier, 7 du présent mois, nous fîmes une attaque assez vigoureuse pour chasser l'ennemi des fameuses gorges d'Ollioules situées à une lieue de Toulon. Nous les avons prises; j'ai été blessé d'un coup de feu à l'épaule gauche. Ce n'est pas dangereux, j'en serai quitte pour garder la chambre une quinzaine et le général a bien voulu demander pour moi au ministère un brevet de colonel que j'espère recevoir bientôt. Adieu, ma chère maman, soyez sans inquiétude, je ne ferai que signer ma lettre à cause de ma blessure. »

« Le Bausset, 10 septembre 1793.

« Je vous envoie, ma chère maman, quatre exem-

plaires de la lettre que les représentants du peuple
ont écrite à la Convention pour y rendre compte de
nos succès à Ollioules. Vous y verrez qu'ils ont bien
voulu m'y donner une place honorable. Ma blessure
va bien; mais je ne pourrai d'ici à quelque temps
tracer moi-même les lettres que je vous écrirai à
cause de la faiblesse que me cause le régime qu'on
me fait suivre. »

« Le Bausset, 13 septembre 1793,

« Soyez sans inquiétude, ma chère maman, tout
va on ne peut mieux. Dans huit jours je pense quitter
le lit. Mon prompt rétablissement sera dû aux soins
du général Carteaux et de sa bonne et digne femme.
Je ne suis point entré dans les hôpitaux; je suis chez
eux, dans une chambre à côté de la leur. Vous pouvez croire d'après ces attentions que toute la faculté
de l'armée est disposée à me secourir. Auguste, qui a
grand soin de moi, va bien. »

« Le Bausset, 15 septembre 1793.

« Soyez de plus en plus tranquille, je vais de
mieux en mieux. Je ne sais quelles expressions
prendre pour vous parler des bontés du général et de
sa femme. Vous n'auriez pas plus soin de votre enfant que madame Carteaux. Vous lui devez une lettre

de remerciements. Elle a plusieurs enfants ; je désirerais que nous pussions un jour leur rendre service, mais pas d'aussi pénibles. »

« Marseille, 23 septembre 1793.

« Chère maman, le quartier général ayant été
transporté à Ollioules même, village sans ressources, j'ai pris le parti le 21 de me faire ramener
à Marseille, ce qui s'est exécuté sans trop de fatigues
pour moi, ayant été porté en litière. Je suis logé
chez mes anciens hôtes, M. d'Aygalades. Vous ne
pouvez vous faire une idée des bontés que toute cette
respectable maison a pour moi. Il ne me semble plus
que je sois un étranger dans cette ville. Aujourd'hui
on a extrait la balle qui était dans la blessure. L'opération m'a fait bien souffrir, mais je me trouve infiniment soulagé et ma guérison ne peut être que très-
prochaine. »

Malgré le ton tranquille de ces lettres, malgré les
assurances qu'elles contiennent, madame de Dommartin s'inquiète. Son cœur de mère lui dit qu'on la
trompe ; elle ne voit plus l'écriture de son fils et elle
se demande si une seule blessure à l'épaule gauche
peut ainsi l'empêcher de tenir une plume. Elle ne
peut y croire et le lui écrit ; alors, surmontant

ses douleurs, il écrit lui-même d'une main mal assurée les lignes suivantes. Il veut avant tout lui rendre le calme de l'esprit.

« 26 septembre 1793.

« Chère maman, j'ai grand plaisir à vous écrire moi-même; cela doit vous tranquilliser sur mon état... à partir d'aujourd'hui j'ai commencé à manger; ma blessure va bien et j'espère être bientôt guéri. J'ai reçu votre lettre du 15, rassurez-vous. Auguste est fatigué de me veiller; mais lui seul sait la manière de s'y prendre pour me soulever. Adieu, croyez que je vous aime plus que toutes choses. »

Pendant un mois encore les lettres écrites par un secrétaire se succèdent de deux en deux jours, promettant toujours une guérison prochaine. Mais la mère s'impatiente; ces bulletins réguliers et qui semblent calqués l'un sur l'autre ne la rassurent plus. Elle veut chercher à connaître toute la vérité. Elle écrit à son filleul Auguste. La réponse de ce fidèle serviteur, qui doit un jour être tué aux côtés de son maître, est pleine de cœur et de naïveté :

« De Marseille, le 8 octobre, an II de la République française.

« CITOYENNE ET BRAVE DAME,

« Je me suis pris la liberté de vous tracer ces

deux mots pour vous donner une consolation de votre cher fils; qu'il va beaucoup mieux et il espère aller passer un quartier d'hiver au pays. Pour ainsi, tenez-vous joyeuse et tranquille sur cela. Car croyez que l'on a très-bien soin de lui ici. N'ayez aucun souci sur lui, et en même temps il vous embrasse de tout son cœur, vous et tous ses parents et amis, et tous ceux et celles qui demanderont de ses nouvelles.

« Votre fidèle serviteur,

« Auguste GALLOIS. »

Rassurée sur la santé de son fils, madame de Dommartin est ramenée aux tristesses de cette fatale époque par les sinistres nouvelles qui lui viennent de Paris et de la province. On jette en prison des personnes qu'elle connaît ou qu'elle aime. Elle tremble; sinon pour elle que la position de son fils protége, du moins pour ses voisins de campagne. Le cœur serré, l'esprit torturé, elle reste quinze jours sans écrire. Pendant ce temps le blessé a repris assez de forces pour ne plus avoir recours à la main d'un secrétaire. Il écrit lui-même, et dans les loisirs forcés qui lui sont faits il songe à sa mère, à Dommartin, à l'avenir; il veut devenir cultivateur.

« Marseille, 23 octobre 1793.

« Toujours pas de nouvelles, chère maman, cela m'étonne ; aurait-on intercepté vos lettres ? Je vais de mieux en mieux, mais je suis bien faible ; les forces reviennent peu à peu et je compte sur l'air natal pour me remettre tout à fait. Je viens d'être fait général de brigade pour être employé à l'armée d'Italie. Mais il n'est guère probable que je puisse de sitôt aller remplir mon emploi. Mon bras et mon épaule exigeront des saisons d'eaux : on dit que je serai incapable de servir pendant un an. Avez-vous toujours envie de faire valoir ? cela dépend de vous. J'amènerai mes chevaux à Dommartin. Sur les six, quatre sont excellents au trait, un cinquième ira au besoin et certainement hersera. Pour mon cheval d'escadron je le confierais à mon aide de camp pour l'époque où je retournerai à l'armée. Cet arrangement me ferait grand plaisir. Auguste conduira la charrue. Le fils aîné de M. Berthelin est arrivé ici. Adieu, chère maman. »

Ce rêve de malade avait ravi madame de Dommartin ; elle revoyait déjà son fils ; il allait, pensait-elle, passer une année entière sous son toit ; mais elle est vite détrompée. Le blessé sent qu'il se guérit, et avec les forces lui revient aussi le désir de retourner à l'armée. Se sentant hors de danger, il avoue seulement alors la gravité de ses blessures.

« Marseille, 22 pluviôse an II.

« J'ai été quelque temps sans vous écrire ; un peu de faiblesse m'en a empêché ; mais maintenant tout va au mieux ; mes plaies sont presque fermées et je remue assez bien les doigts pour ne pas craindre d'être estropié. J'ai été bien bas ; on s'est gardé de vous le dire : l'épaule fracassée, le bras fracturé, trois blessures au corps et deux au bras, la poitrine ouverte, en sorte qu'elle soufflait par la plaie ; vous pouvez juger d'après ces agréments des tourments que j'ai endurés. Ils ont été cruels, mais les voilà finis. J'aurai seulement pendant quelque temps mon bras pour baromètre. Je ne pourrai guère partir pour vous aller voir que dans le courant de juillet, car auparavant il faut que je rejoigne l'armée. J'ai pour aide de camp le jeune de Lisle. Je pense me mettre bientôt en marche pour gagner mon poste. Ce sera un voyage dispendieux, ne pouvant aller qu'à petites journées. Ma blessure m'a presque ruiné. Figurez-vous qu'un chapon coûte ici quinze livres. Le reste en proportion. »

La guérison est lente ; le général ne peut rejoindre l'armée d'Italie, il est alors désigné pour celle des Alpes. Sa mère espère toujours qu'elle le reverra bientôt; il ne veut pas lui ôter cette douce pensée.

« Marseille, 27 nivôse an II.

« Ma santé va de mieux en mieux et tout en moi est signe de guérison. Le jeune Berthelin est parti d'ici avec la légion de la montagne. Il me tarde d'être près de vous. L'air natal seul pourra me rétablir complétement, car je n'ai que la peau sur les os; mais quand on est affligé de vingt-cinq ans on doit compter sur un prompt rétablissement. Dans ce pays tout est absolument différent du nôtre, et ce qui m'afflige, ce sont les ragoûts à l'huile, toujours à l'huile; j'espère aller me remettre chez nous. Quant à Auguste, il se fait une grande fête de retourner au pays. »

Auguste se berce aussi d'une vaine espérance; le jeune général se remet peu à peu, il quitte Marseille et vient à Avignon dont le climat sera, dit-on, meilleur pour lui.

« Avignon, 17 ventôse — 5 mars.

« D'après la date de cette lettre vous voyez, chère maman, que ma santé doit être bien meilleure puisque j'ai pu faire une longue route. Je resterai une quinzaine ici en attendant une saison d'eaux. Peut-être obtiendrai-je d'aller à Bourbonne, alors je passerais avec vous l'intervalle de mes deux saisons. »

« Avignon, 17 germinal an II.

« Il est inconcevable combien le bon air de ce pays m'a fait du bien. J'irai décidément aux eaux de Digne ; je regrette Bourbonne à cause de vous. Je veux être à Nice le 1ᵉʳ prairial et faire la campagne pour rendre aux ennemis tout le mal qu'ils m'ont fait : vous savez que rien n'est plus méchant qu'un sanglier blessé. Il faut que je me venge. Je ne saurais d'ailleurs vous dire combien il m'est pénible de penser que l'on se bat sans que je puisse en être. »

« Avignon, 16 floréal an II.

« Ma blessure ne se ferme pas, mais quand je devrais aller en litière je veux faire la campagne. Mon bras et mon épaule deviendront ce qu'ils pourront, mais il faut qu'ils aillent, et la France ne me paye pas pour être général de la garde nationale. »

Les blessures ne se guérissent qu'après cinq mois encore. Pendant ce long temps il s'irrite de son inaction. Les nouvelles de l'armée, les victoires de la

France l'enivrent. Il oublie ses projets de congé et sollicite un emploi d'activité. Ne recevant pas de réponse, il revient à Nice pour se rapprocher de l'armée d'Italie.

« Nice, 1er germinal an II.

« Je suis ici depuis hier, chère maman, et je ne vous écris que quelques lignes. Lorsque je connaîtrai ma destination je vous en donnerai avis. Je me trouve assez bien, quoique je n'aie toujours aucun mouvement dans le bras ni l'épaule. »

Enfin il obtient du ministre l'ordre d'aller commander le fort l'Hercule.

IX

PRÉPARATIFS DE LA CAMPAGNE D'ITALIE ; PREMIERS COMBATS.
LE 9 THERMIDOR. IMPRESSION DE L'ARMÉE. LE CAMP DE
COL-TAN.

« Fort l'Hercule, 9 messidor an II.

« J'espérais, chère maman, partir d'ici bien vite pour l'armée, mais un dépôt survenu à ma blessure de la clavicule retardera ma guérison. Il n'est pas prudent, me dit-on, d'aller sous la tente avec une blessure ouverte. »

Cependant il parvient à se faire nommer commandant des forces réunies à Antibes, et c'est là qu'il apprend la chute de Robespierre. Mais on se demande encore quel en sera le résultat, quel gouvernement va s'établir. Le régime de terreur qu étouffe la pensée et ferme les bouches va-t-il cesser enfin ?

« Antibes, 27 thermidor an II.

« Vous avez été bien longtemps sans m'écrire,
ma chère maman, et peut-être n'avez-vous pas reçu
ma dernière lettre. Mes blessures ne se ferment pas
complétement, mais ma santé est bonne et je suis
en état de faire mon service. On me met à cheval
et je vais tant qu'on veut une fois en selle. La seule
chose désagréable, c'est que tenant la bride de la
main droite je ne puis allonger le coup de sabre
comme par le passé. Je me porte très-bien et, quoique ma brigade soit très-étendue, je puis en faire le
service. On m'apporte à l'instant votre lettre du
4 août. Je vois avec plaisir que vous m'envoyez le
frère d'Auguste. J'aurais grand besoin de six douzai-
nes de serviettes, huit nappes dont deux grandes. Il
faudrait qu'elles pussent me parvenir bientôt. Je
veux vous dire aussi qu'on m'a écrit pour me pro-
poser un mariage ; mais soyez sans crainte, je ne
m'engagerai jamais à donner à ma femme, si je dois
en avoir une, d'autre habitation que la nôtre. Mon
parti est pris à cet égard et je veux vivre où mes pères ont vécu, respirer l'air qu'ils ont respiré. Je vous
déclare même que moins de fortune et une famille
alliée à la nôtre serait mon désir, et je vous jure que
si j'avais l'espérance de trouver par la suite dans

nos environs une jeune fille à laquelle je puisse convenir, j'attendrais avec plaisir. C'est à vous du reste que je m'en remets complétement, ne voulant rien faire sans votre avis. »

Nous avons donné cette lettre intime, parce qu'elle peint bien ce jeune général de vingt-cinq ans dont la pensée s'arrête sans cesse sur la modeste habitation de ses pères ; qui, sans ambition, ne désire que revenir dans son pays, et qui, fils respectueux, soumet sa volonté à l'examen de sa mère.

« Antibes, 17 fructidor an II.

« Jean-Pierre vient d'arriver, mais je ne sais qui lui a indiqué sa route, car il a fait au moins dix lieues de trop. Enfin le voilà et Auguste est enchanté de voir son frère. Il y a toute apparence que notre armée va prendre ses quartiers d'hiver, mais je ne pense pas être plus libre pour cela d'aller vous voir, car nous avons affaire aux Anglais et aux Espagnols qui peuvent nous tomber sur le corps par mer. Dans tous les cas, s'ils me font visite je leur rendrai bon compte de mes postes. Ma blessure est encore ouverte, mais l'exercice m'est nécessaire pour obliger les corps étrangers à en sortir. Comme je n'ai pas voulu que l'art agrandît l'ouverture, j'attends tout de la nature, car je suis *dégoûté* des coups de bistouri. »

« Tan, 2 vendémiaire an III.

« Je viens, chère maman, de recevoir votre lettre en date du 8 novembre. J'y réponds aussitôt. Je me suis fusillé hier, six heures durant, avec les Piémontais. Si une des colonnes sous mes ordres ne s'était pas égarée j'aurais fait un coup superbe. Mais je n'ai abouti qu'à tuer du monde aux ennemis et à faire quelques prisonniers. J'espère que ce qui est différé n'est pas perdu et je vous embrasse. »

« 11 vendémiaire an III.

« Vous entendrez sans doute parler, chère maman, d'une bataille que nous venons de gagner ; je n'y étais pas et puis seulement vous dire que tous les rapports annoncent de grandes pertes pour les ennemis et très-peu pour nous. J'ignore si le quartier général sera à Nice ; les nouveaux représentants changeront peut-être quelque chose aux dispositions des anciens qui sont retournés à Paris. J'ai demandé à reprendre mon service d'artillerie et j'espère qu'on fera droit à ma demande, bien que ma blessure de la clavicule, qui s'était fermée, se soit rouverte hier. »

« 22 vendémiaire.

« J'ai reçu hier la lettre où vous m'annonciez la maladie de la mère d'Auguste. Le pauvre enfant a reçu en même temps celle qui lui apprenait sa mort. Je partage sa peine ; ce garçon m'est très-affectionné, je le lui suis de même, et sa petite fortune est attachée à la mienne. Il paraît que certains pays ne sont pas encore *dérobespierrisés*. Cela leur viendra avec le retour du sens commun, que certaines gens ont eu·dérangé pendant le régime vandaliseur. Maintenant on respire ; les lois sont claires et nous ne sommes plus dans un temps où l'on pouvait les faire taire ou les interpréter d'une façon partiale. Elles protégent également tous les citoyens et il n'est plus permis de vexer son semblable.

« On m'a tiré l'autre jour de l'épaule un morceau d'épaulette, de sorte que je pense être bientôt guéri et servir d'une façon plus active. »

Enfin le 18 brumaire il peut annoncer avec joie que toutes ses blessures sont fermées. « Me voici enfin, écrit-il, tout prêt à recommencer. » Quinze jours plus tard sa division est dirigée sur Oneille. C'est un pays dévasté, dit-il, où l'on ne peut plus se pourvoir de rien. J'espère que vous avez fait partir le linge que je vous ai demandé. Si vous y avez joint des draps vous m'aurez rendu grand service.»

« Armée d'Italie, Oneille, 28 brumaire an III.

« Me voici établi tout à fait à Oneille, chère maman. La ville, assez considérable, comptait jadis dix mille habitants ; il n'y en a pas deux cents aujourd'hui, mais le pays est beau aux alentours, et la vallée contient environ cent villages. A demi-lieue d'ici se trouve Port-Maurice, jolie petite ville. J'y vais de temps en temps et, si mes occupations me le permettent, je tâcherai d'y faire quelques connaissances. C'est ici le pays du savon, et si j'en ai la facilité je vous en enverrai un quintal. Je suis presque seul de mon état-major. J'ai envoyé mon aide de camp Massy voir sa mère. Massy est un jeune homme de dix-huit ans que ses parents m'ont confié ; ils sont de Nîmes. Le pauvre enfant était simple houzard et, ayant reçu un coup de crosse de carabine dans une manœuvre, il était vraiment dans un état déplorable. Sa mère vint me trouver à Avignon et me pria de m'en charger ; je l'ai gardé près de moi et l'ai fait nommer sous-lieutenant.

« J'ai reçu avant-hier des nouvelles de mon cher général Carteaux ; il espère être bientôt employé et, quelle que soit sa destination, je lui dois d'aller courir

7

de nouveaux hasards avec lui. Je me trouve campé ici plus salement qu'au cabaret; envoyez-moi du linge, je vous en prie, car je ne puis vivre ainsi. »

Ce linge dont il est si dépourvu et qu'il réclame à tous les échos lui est envoyé par madame Massy; il l'annonce bien vite à Dommartin : « J'ai du linge, dit-il; la mère de mon aide de camp m'en envoie; les prisons sont vides, les routes deviennent sûres, les communications se rétablissent. Combien le gouvernement s'est fait d'amis en rendant à la liberté les victimes de tant de vengeances particulières ! Je vous prie de me parler des personnes de notre connaissance qui sont sorties de prison. On renaît depuis le 9 Thermidor, et il paraît que la Convention persiste dans ses idées de bien. Je pars demain, 18 frimaire, pour l'avant-garde.»

Le 23 frimaire, le général arrive à Loano, petit poste des États sardes. Là il reçoit de sa mère une lettre désolée : la disette frappe son pays; les habitants de Dommartin sont sans pain et sans argent. Il s'émeut de tant de misères.

« Loano, 13 nivôse.

« Si notre pauvre pays est dépourvu de tout, celui-ci n'est guère mieux fourni. Je vais pourtant tâcher d'acheter du riz et de vous le faire passer ; ce ne sera pas à Marseille où il payerait des droits en sortant, mais à Aix. Mailli, que j'en charge, devra s'adresser au commissaire de guerre Raymondon qui lui remettra ce que j'aurai fait entreposer chez lui. Vous me rendrez grand service en me donnant bientôt des nouvelles de nos parents et amis qui étaient en prison. Montangon doit être dans la joie, ne m'oubliez pas près de lui et de sa famille qu'heureusement l'orage n'a pas atteinte. »

Au commencement du mois de février 1795, le général Schérer vint prendre le commandement de l'armée. Ancien major sous Louis XVI, bien que le fils d'un boucher, dit-on, il s'était depuis illustré dans les campagnes du Nord, et, devenu général de division, il arrivait commander en chef l'armée d'Italie. En apprenant sa nomination, M. de Dommartin écrit : « Nous avons lieu d'espérer que nous allons faire avec lui une bonne campagne. »

A peine arrivé au quartier général, Schérer nomma le général de Dommartin inspecteur d'artillerie ; il en prévint sa mère, mais la réponse de celle-ci se fait longtemps attendre ; les communications avec l'Italie sont lentes.

« Loano, 25 ventôse an III.

« Vous avez raison, chère maman, de croire que je suis en peine de vous. Comment pouvez-vous être aussi longtemps sans me donner de vos nouvelles? Ce que vous me dites des difficultés que l'on éprouve dans notre pays à se procurer des subsistances ne me surprend pas, car on m'assure qu'il en est de même partout. Je pensais quitter l'Italie pour aller dans l'intérieur faire l'inspection de la cavalerie légère que je dois commander, mais ce ne sera pas maintenant, car on n'a pas décidé si nous ferions une campagne offensive ou seulement défensive. Notre escadre s'est battue hier à notre vue avec les Anglais; j'attends les détails, qui seraient déjà connus si une mer très-grosse n'empêchait le mouillage des bâtiments sur cette côte où les ports sont éloignés les uns des autres. Je reçois à l'instant une lettre de vous et je vais faire mon possible pour vous envoyer le riz que vous me demandez; mais je crains qu'il ne vous arrive pas de sitôt, car il n'y a pas de diligence de Nice à Aix, et je suis encore à trente lieues de Nice. Mais enfin aussitôt que ce sera parti je vous l'écrirai.

« Grâce au gouvernement actuel, si le méchant n'est pas corrigé, du moins il ne domine plus, et pour

des gens habitués à exercer une puissance terrible,
c'est un supplice que de se sentir comprimés. En
me parlant de certaines personnes, vous m'apprenez
qu'elles existent, car figurez-vous que j'avais pris le
parti de croire toutes nos connaissances sacrifiées,
afin d'éprouver de la joie si une seule avait échappé.
Vous comprenez qu'il n'est pas possible que j'aille
vous voir. C'était faisable peut-être l'année dernière, mais vraiment la position où se trouvait la
France à cette époque n'engageait pas à rentrer dans
ses pénates pour les trouver dans la désolation.
L'hiver prochain ce sera différent, car j'espère
que les choses iront toujours en s'améliorant. »

« Loano, 20 germinal an III.

« Il est décidé que je commande l'artillerie légère
et je n'attends pour partir que le général Vaubois
qui vient me remplacer. J'imagine que vous connaissez au moins de nom le général Vaubois. Il est de
Chateauvillain et servait à Metz dans le même régiment que moi. Nous nous trouvons à cette armée
sept officiers généraux anciens camarades d'école et
sortant du même régiment. J'irai vous voir l'hiver
prochain, et qui sait? peut-être avant, car on dit la
paix sur le point de se faire et déjà conclue avec l'Es-
pagne. »

Si l'ancienne armée de la monarchie avait fourni à la Convention des généraux, d'autres officiers avaient dû à la Révolution des grades élevés donnés sans que le talent les justifiât. Aussi une grande réforme dans les cadres paraît nécessaire au gouvernement nouveau.

« Loano, 28 germinal an III.

« Nous attendons le général Kellermann qui, je le pense, m'apportera l'ordre de me rendre à Nice. On annonce une grande réforme dans l'état-major. Je ne sais si je serai du nombre des réformés à cause de mes blessures. On aurait tort, car je suis jeune et on aurait chance de me payer longtemps ma retraite. Cependant si on épure les corps de façon à ce qu'il n'y ait plus à la tête des troupes que des gens dignes de servir la patrie, il y aura plus d'honneur à être colonel qu'à rester général confondu avec des gens dont les défauts et souvent les vices ont été les seuls droits pour parvenir. Depuis que la raison a triomphé à Paris des hommes de sang, les personnes vraiment attachées à leur pays peuvent espérer de voir luire sur elles des jours de paix et de bonheur. Pendant la Terreur nos assignats étaient tombés à Gênes à huit pour cent, et depuis ils sont remontés à quinze. Puissions-nous jouir bientôt de la tranquillité après tant d'orages, de périls et de souffrances. C'est alors qu'on ira avec délices revoir son pays et cultiver le champ de ses pères. »

Ainsi revoir son pays, embrasser sa mère, cultiver ses champs, c'est toujours le rêve caressé par ce jeune général : rêve bien doux qui ne devait pas se réaliser. Les réformes opérées dans l'armée ne l'atteignent pas. Il est maintenu malgré ses blessures et définitivement nommé au commandement de l'artillerie légère.

C'est à Nice qu'il va d'abord le 27 floréal, et de là aux eaux de Digne qui rendent la souplesse à son bras. Il peut enfin saisir la crinière de son cheval et se mettre en selle seul et sans aide. La saison d'eaux terminée, il revient à Marseille. Là les représentants du peuple veulent lui donner un commandement dans l'intérieur ; le parti de Robespierre tente de se relever dans certaines contrées. Il écrit à cette occasion : « J'ai des amis dans ce pays qui veulent me déterminer à accepter un commandement dans lequel je puis leur rendre la tranquillité qu'ils ont si longtemps perdue : il est certain que ceux qui veulent cette tranquillité doivent faire leurs efforts pour la rendre générale. »

Mais la répugnance qu'il éprouve à se trouver

mêlé à une guerre civile lui fait refuser l'offre qui lui est faite, et sans en rien dire il part pour le camp du Col-de-Tan. C'est là qu'il annonce à sa mère sa détermination.

X

« Camp du Col-Tan, 14 thermidor an III.

« Du lieu où je suis, chère maman, avec une bonne lunette d'approche, je pourrais voir la Champagne. Je suis fort bien, car loin des troubles de l'intérieur je n'ai à songer qu'à l'ennemi, qui du reste me laisse fort tranquille. Combien cela durera-t-il? mais je suis prêt à le recevoir. On voulait me faire rester à Marseille pour commander le département; les représentants m'en avaient même donné l'ordre, mais voyant ma répugnance ils l'ont retiré et se sont contentés de m'inviter à y demeurer quelque temps. Mais craignant qu'il ne vînt de Paris un ordre formel, je suis parti sans tambours ni trompettes pour rejoindre le camp. Il est éloigné de trois lieues de toute habitation. Une vue superbe, des prairies où mes chevaux sont dans l'herbe jusqu'au ventre, des ruisseaux, des fontaines dont l'eau est excellente, et près de nous des forêts superbes ! J'habite une baraque ayant un petit jardin. Les soldats vont dans les environs me chercher des pommes de terre, des fraises et jusqu'à des artichauts. Dans le ruisseau on trouve d'excellentes truites. Tous les jours des paysans m'apportent du beurre, du lait et du fromage à la crème parfait. Je compte rester ici jusqu'aux neiges, c'est-à-dire deux mois. L'ennemi, malgré sa grande supériorité numérique, ne nous approchera pas. Deux jours avant que j'arrivasse ici, on lui a pris un troupeau de cent vingts vaches et cinq cents moutons, et si pareille occasion se présente je ne la laisserai pas échapper. Me voici au centre de l'armée, sous les ordres du général Macquard, mon ami, ancien capitaine à Royal-Dragon. Il est de Sainte-Menehould et nous nous sommes connus jadis en garnison. Auguste et Jean-Pierre se croient ici dans leur pays parce qu'ils boivent du lait à volonté. »

« Au camp, 30 thermidor an III.

« Deux mots seulement, j'ai les doigts gelés et je crains que les neiges ne nous chassent avant peu

d'ici. Je ne vous ai pas écrit parce que je m'atten-
dais tous les jours à être attaqué; mais cela s'est
tourné, comme on dit, en eau de boudin. Si je veux
voir les ennemis, il y a apparence que je serai obligé
de les aller trouver. Il nous arrive beaucoup de renforts. »

« Au camp, 15 fructidor an III.

« La neige a commencé hier; si elle continue il
me faudra sous dix jours abandonner la place. Voici
donc la campagne à peu près finie dans cette partie,
mais il est possible que nous portions toutes nos
forces à droite. »

« Milan, 1er vendémiaire an IV.
« 21 septembre 1795.

« Je suis à Milan et sous peu on m'annonce que
je partirai pour Vérone, où j'ai en conséquence envoyé mes bagages et mes chevaux avec Auguste. Je
ne sais si on se décidera à faire dans ce moment le
siége de Mantoue ou si l'on attendra que les chaleurs
de ce pays soient entièrement passées. L'armée autrichienne a été détruite et son général a été trop
heureux de pouvoir se jeter dans cette ville avec cinq
mille hommes. Espérons tous deux que nos victoires
amèneront la paix, pour que je puisse vous embrasser. »

« Camp de Col-Tan, 24 vendémiaire an IV.

« Je suis rentré dans mon camp; on avait pensé l'abandonner, mais le beau temps est revenu et l'on suppose qu'il durera encore quinze jours. J'ai perdu deux chevaux cette campagne. Je viens donc de racheter pour *vingt mille francs* une grande jument noire aussi maigre que possible et très-fatiguée; mais comme elle n'a que quatre ans j'espère que ce sera une bonne bête dans la suite. J'aurai beaucoup plus de peine à remplacer mon Blanc-Bec, qui était un des plus beaux chevaux de l'armée et m'avait coûté cinquante louis en numéraire. J'attendrai une occasion favorable, d'autant plus que j'ai encore deux superbes chevaux de monture, trois de voiture, une jolie mule pour la montagne que je compte vous mener un jour et sur le dos de laquelle vous irez vous promener dans la campagne. J'ai aussi un beau mulet. Je veux m'arranger de façon à ce que, si on faisait la paix, il me soit possible d'avoir un train de culture tout monté, car j'ai toujours eu de l'inclination pour le labourage. — Nous venons encore de changer de général en chef. C'est celui qui commandait avant l'arrivée du général Kellermann qui revient. — Vous vous souvenez que c'était le général Schérer; il me témoigne de l'amitié. Adieu, ma

chère maman ; si j'ai été quelque temps sans vous
écrire, c'est que je manquais de papier. Je m'en suis
enfin procuré quinze mains au modeste prix de
quatre mille francs. Ceci pour vous faire connaître
la valeur des assignats. Si du Chesnoy était par hasard revenu du nord, faites-lui mes compliments. »

« Au camp, 27 vendémiaire an IV.

« Je reçois l'ordre de quitter mon ermitage pour
me rendre à la division de droite. J'emmène avec
moi trois mille hommes. Il y a apparence que la campagne finira très-tard. Aussitôt arrivé je vous donnerai de mes nouvelles. »

« Quartier général de Pornassio-Basso, 3 brumaire an IV.

« Arrivé hier dans un village où les troupes que
je commande sont cantonnées ainsi que dans les
villages voisins, j'attends des ordres du général en
chef. Je suis logé dans une très-belle maison, chez
un bon prêtre septuagénaire qui est rempli d'attentions pour moi. Il est fort ami des Français. »

« 19 brumaire an IV.

« Je suis toujours à Pornassio ; je ne croyais y
rester que quelques jours, et en voici vingt d'écoulés.

La saison est déjà très-avancée, et je ne puis croire que nous fassions beaucoup cette année. Voilà long-temps que je suis sans nouvelles de vous, mais j'attribue cela à mon changement de résidence et je recevrai sans doute en même temps trois ou quatre lettres, comme cela est déjà arrivé. Nous ne savons rien ici, pas même si la nouvelle constitution est en vigueur. Je désirerais bien avoir un aide de camp de mon pays. Si c'était un de mes parents cela n'en vaudrait que mieux. La paix se fera-t-elle? quand je pense à vous je la désire bien fort. »

« Final, 5 frimaire an IV.

« Je trouve un petit moment pour vous écrire, chère maman. Nous nous sommes battus toute la journée du 2 de ce mois; l'ennemi est complétement battu et nous sommes à sa poursuite. Sa retraite se fait dans le plus grand désordre, mais nous ignorons quand nous pourrons l'atteindre, tant il va vite. Je vous dirai ce que j'ai fait : après avoir repris les redoutes du village de Toyrano dont un général allemand venait de nous chasser, je l'ai si bien poursuivi dans une chartreuse que je l'y ai acculé et forcé de se rendre prisonnier avec tout son monde, douze cents hommes environ en état de porter les armes; le reste était tué et blessé; je lui ai pris ses deux pièces de

canon. Je me porte bien et pense partir demain.
C'est de tout mon cœur que je vous embrasse. »

« Final, 29 frimaire an IV.

« Me voici établi à Final où je suis revenu ; j'habite la maison du comte Buraggi, où je suis fort
bien. On dit que nous resterons ici deux mois seulement, car on commencera de bonne heure la campagne prochaine. Il ne me faut donc pas songer à
aller vous voir, mais attendre un moment plus calme.
Auguste a été malade, mais il va mieux. Dites à
toutes les personnes qui s'intéressent à moi combien
je leur rends sentiment pour sentiment. Je ne serai
vraiment heureux que quand je serai réuni à ceux
qui ont pour moi tant d'amitié. Écrivez-moi souvent. »

« Final, 22 nivôse an IV.

« J'ai reçu, chère maman, votre lettre sans date
sur laquelle mon beau-frère avait mis quelques lignes.
Je pense que l'emprunt forcé est déjà mis en recou-
vrement, et je souhaite qu'on puisse le payer pour
que ce soit la fin du désordre de nos affaires. On
parle beaucoup de la paix et tout le monde ici la désire. Si elle a lieu je persiste toujours dans mon projet de labourer. »

« 2 ventôse an IV.

« J'ai votre lettre du 25 janvier; je suis bien aise que la petite vérole de ma nièce Lucianne ait été bénigne. Ce que vous me dites, chère maman, des charges que l'État fait supporter aux propriétaires, m'afflige, mais c'est là une nécessité dans un moment où il faut assurer la tranquillité et arriver à la paix.

« Nous sommes à la veille d'ouvrir la campagne, et avant de la commencer on fait de grandes réformes parmi les officiers. Celle des officiers-généraux va paraître. Si je ne suis pas conservé, je n'en serai pas fâché, car je souffre toujours de mes blessures. Les fatigues d'une guerre continuelle, jointes à ces blessures, m'ont rendu vieux à mon âge; je sens que j'ai besoin de repos pour refaire ma santé. Quel que soit le sort que m'assigne la réorganisation militaire, je ne ferai ni dans un sens ni dans l'autre aucune réclamation. Si je quitte l'armée, ma tranquillité près de vous me sera chère. Pourtant, je ne vous le cache pas, j'aime la guerre, le beau, le grand métier des armes. Aussi, s'il est dans l'intention du gouvernement de rendre à l'état militaire la considération qu'il mérite, je dirai volontiers : vive la guerre! de sorte que de toutes façons je serai satisfait. »

« Final, 30 ventôse an IV.

« Votre dernière lettre, chère maman, me fait connaître les impôts et les taxes dont vous êtes surchargée. Tout le monde est dans ce cas et il faut espérer que c'est pour la félicité commune.

« Je suis conservé avec mon grade, et l'on parle d'entrer en campagne. Comme je suis de l'avant-garde, je compte bientôt marcher. Soyez sans inquiétude, ce ne sera pas dangereux, il s'agit seulement du gouvernement gênois. Il me faut donc abandonner Final; quitter les connaissances agréables que j'y avais faites; c'est le sort des militaires; peines et plaisirs, fatigues et repos se mêlent. »

XI

ENTRÉE EN CAMPAGNE. — ARRIVÉE DE BONAPARTE.
MARCHES EN AVANT ET BATAILLES.

Les lettres du général de Dommartin sont assez
rapprochées pour qu'on puisse le suivre pendant
cette campagne.

« Savone, 7 germinal an IV.

« Je vous écris de Savone, chère maman. Nous
faisons en ce moment un mouvement pour engager
les Gênois à nous fournir quelques millions qui nous
sont nécessaires ; je pense que je resterai ici avec les
troupes que je commande. C'est le général Bonaparte
avec lequel j'ai été élève et officier d'artillerie qui
commande à présent notre armée. Nous l'attendons
à l'avant-garde. »

« Final, 16 germinal an IV.

« J'ai reçu ordre de rentrer à Final après avoir passé huit jours à Savone. Je ne pense pas y rester longtemps, car tout se prépare pour une campagne très-active. Je vous ai dit que c'est mon ancien camarade Bonaparte qui commande l'armée, nous espérons beaucoup de ses talents militaires qui nous sont connus.

« J'ai reçu à Savone votre lettre du 7 mars. La position gênée dans laquelle vous vous trouvez est générale; il n'y a que ceux qui ont volé la République qui puissent être à leur aise.

« Nous espérons tous faire une campagne brillante et déboucher dans des pays où nous trouverons notre nécessaire, car la misère de notre armée est au comble. »

« Plaisance, 20 floréal an IV.

« Ce n'est pas une plaisanterie, chère maman, notre quartier général est bien réellement à Plaisance. Nous sommes continuellement en marche depuis un mois, battant fort les ennemis. Le roi de Sardaigne, ne pouvant défendre ses places fortes, nous les a cédées; nos soldats ont des ailes. Une division part à l'instant pour Cazal; avant huit jours nous serons à Milan, je pense. »

« Lodi, 30 floréal an IV.

« Je vous avais prédit de Plaisance, chère maman, que nous serions vite à Milan, et en effet nous y voilà après avoir gagné la bataille de Lodi. Notre entrée à Milan a été triomphale. Nos victoires sont le fruit de l'incroyable activité du général Bonaparte. On m'a donné le commandement de l'artillerie à cheval, c'est un poste très-agréable puisque je n'ai pas les détails ennuyeux de l'artillerie et que je ne quitte pas le quartier général, ce qui fait que je prends ma part de toutes les batailles.

« Je ne suis resté que deux jours à Milan ; c'est une belle ville bien habitée, mais *dangereuse* pour mes soldats ; je n'ai pas voulu y rester et j'ai mieux aimé m'établir à Lodi ; j'y mène une vie plus militaire ; là je suis dans mon centre, car si je deviens jamais fou, ce sera de l'état militaire. Mais pour cela il faudra que je sois toujours dans la position présente, c'est-à-dire bien commandé et bien obéi. Nous allons avant peu, je pense, reprendre le cours de nos victoires. Voilà quatre batailles gagnées en un mois, un superbe pays conquis. Ainsi donc mauvais présages pour les ennemis de la France. Ils ne sont pas encore au bout de leurs déboires et nous le leur ferons sentir dans la suite de la campagne.

« L'emprunt forcé et les autres taxes vous ont mise dans un grand embarras. Je vais faire en sorte de vous envoyer une dizaine de louis en numéraire avec lesquels vous pourrez acquitter quelques-unes de ces choses.

« Si la canicule force à prendre des quartiers d'été, je tâcherai d'aller passer un mois avec vous ; je me suis rapproché de Dommartin de près de cent lieues, puisqu'à présent je puis aller en France par Turin et la Savoie. Vous pensez quel plaisir j'éprouverai à vous embrasser. »

« 19 prairial an IV.

« Nous allons si vite que ma correspondance a manqué d'exactitude. L'ennemi est hors de l'Italie. Notre dernière affaire au passage du Mincio l'a forcé de se retirer dans les montagnes du Trentin et du Tyrol ; il ne lui reste que Mantoue dont on forme l'investissement. Cette ville une fois prise, je ne pense pas que l'empereur puisse remettre le pied en Italie. »

« Reggio, 15 messidor an IV.

« Me voici de retour en Lombardie, ma chère maman ; nous avons été faire un petit voyage en Toscane jusqu'à Livourne où nous avons laissé une garnison. Je regrette de n'avoir pu aller jusqu'à

Florence; mes occupations m'en ont empêché. J'attends l'ordre de partir demain ou après pour Mantoue dont nous allons faire le siége. Dans ce moment on est en armistice avec le Pape : nous lui avons pris le Bolonais et le Ferrarais et les forteresses dans lesquelles se trouvait une belle artillerie. La Toscane est un superbe pays, mais elle me paraît moins fertile que la Lombardie. La ville de Livourne est petite, mais jolie et peuplée, ayant un port de commerce qui sert d'entrepôt. On compte ici seize mille juifs, et si j'en juge par ma bourse ce n'est pas assez.

« On parle toujours de la paix. Dieu veuille qu'elle se fasse ! La France victorieuse, après avoir rempli l'Europe du bruit de ses armes, mettrait le comble à sa gloire en signant une paix durable. »

« 19 messidor an IV.

« Je viens de recevoir votre lettre du 12 juin. Vous êtes sans argent , je vais faire en sorte de vous envoyer des mandats; ce sera précisément ce qui me revient de mes appointements depuis le commencement de l'année. Je vous ai écrit à mon retour de Toscane ; je ne sais si mes lettres vous parviennent exactement. Je vous écris d'un petit village. On va commencer le siége de Mantoue et je suis occupé à remonter mon artillerie à cheval. Le village où nous sommes est pitoyable sous tous rapports. J'espère le quitter bientôt ; à Reggio, où je suis resté quatre jours, la société m'a très-bien accueilli et je me suis très-bien amusé. »

« Castiglione, 19 thermidor an IV.

« Chère maman, je me bats depuis trois jours ; l'ennemi est en déroute, sans qu'il nous en coûte beaucoup de monde tandis qu'il a perdu 8 à 10,000 hommes et laissé entre nos mains 12,000 prisonniers. Mais pour obtenir ce résultat il nous a fallu lever le siége de Mantoue afin de réunir toutes nos forces et marcher vigoureusement à l'ennemi. La fortune a secondé les talents de notre général en chef. Je me porte bien. J'ai cru tous mes équipages et mes douze chevaux pris ; j'en reçois à l'instant de bonnes nouvelles. »

« Brescia, 25 thermidor an IV.

« Voici quatre jours que nous reposons ici. Les Autrichiens fuient dans le Tyrol. Je vous ai écrit immédiatement après le débrouillement de nos affaires. Nous avons été un moment mal à l'aise et il a fallu le talent du général et l'ardeur de l'armée pour nous tirer de là. J'ai perdu beaucoup de mes artilleurs à cheval. Ils ont montré un grand courage dans deux batailles et cinq combats que nous avons soutenus pendant sept jours de suite. Vous ne pouvez vous faire idée de l'intrépidité de nos soldats ; ils courent sur l'ennemi sans compter sa force et c'est à cette ardeur que nous devons d'avoir été victorieux. Il me paraît impossible que l'empereur puisse encore longtemps soutenir cette guerre ; j'espère donc que nous reverrons bientôt nos foyers, car après la satisfaction d'avoir bien servi son pays, je n'en connais pas de plus grande que de se trouver dans sa famille. Mon pauvre et fidèle Auguste est malade. J'ai encore quatre domestiques malades, en sorte que je n'ai presque personne pour conduire mes chevaux. Jean-Pierre se porte bien ; il est de fer, ce garçon, et lorsque tous les autres maigrissent, il engraisse : moi je vais toujours malgré la fatigue et mes blessures dont les douleurs se renouvellent souvent.

« On me dit que le neveu de M. de Ménonville vient d'entrer dans l'artillerie. Si sa famille veut me le confier, je le ferais placer près de moi, et il y trouverait son avantage et son agrément. Vous pouvez, si vous le voulez, en écrire à M. de Ménonville. Le général Vaubois qui est, vous le savez peut-être, frère du commandant Belgrand, vient de m'écrire de Livourne où il est arrivé commander les troupes que nous y avons laissées. »

« Brescia, 3 fructidor an IV.

« Votre lettre du 29 juillet m'arrive; vous dites
m'en avoir écrit d'autres; je n'ai rien reçu; bien des
officiers et soldats sont dans le même cas. Je vais
chercher des mandats et vous les envoyer; mais on
ne s'enrichit pas au métier de la guerre; le militaire
n'attrape que des coups et de la gloire; mais il a sa
conscience nette et vivra dans une honnête médio-
crité sans qu'on puisse lui reprocher une bassesse,
tandis que certains fripons, tôt ou tard dévoilés, ne se
sauveront pas, malgré leurs écus, de l'opprobre et du
mépris. Quant à moi, après avoir servi mon pays et
contribué dans la mesure de mes forces à porter au
loin l'honneur du nom français, j'aurai la satisfaction,
et c'en est une, de rentrer au pays dans l'état où j'en
suis sorti, sans avoir pu même payer les dettes que
les malheurs du temps vous ont fait contracter. Mais
je serai heureux, quand je rencontrerai des frères
d'armes, de leur entendre dire : Dommartin commandait le centre à Dégo et Cocheria, la droite à l'attaque des hauteurs de Céva; il enfonça le centre
ennemi à Mondovi, et assura par son dernier combat d'artillerie la bataille de Lodi. Il commanda les
canonniers à cheval à Borghetto, Castiglione, à l'affaire de l'Adige, sans compter la bataille de Loano

sous Schérer, dont il a pris sa part. Dites, maman, cela ne vaut-il pas mieux que de l'argent?

« Nous partirons d'ici sous peu ; je suis obligé de travailler beaucoup pour prendre des dispositions, mais je tenais à vous écrire pour que vous sachiez que je pense à vous. et que mon attachement est inaltérable. »

« Trente, 20 fructidor an IV.

« Je suis à Trente et j'en pars à l'instant. Nous avons encore complétement battu l'ennemi et j'espère que nous continuerons. Nous lui avons fait sept mille prisonniers, et pris sept drapeaux, vingt-cinq canons. Je vous écris par un courrier extraordinaire. Adieu, adieu, je monte à cheval. »

« Bassano, 23 fructidor an IV.

« Chère maman, je vous ai annoncé de Trente, par un courrier extraordinaire, la victoire de Rovérédo ; depuis nous venons encore de battre les Autrichiens ; ils ont perdu onze mille prisonniers, des drapeaux, des canons ; c'est une véritable débâcle. Je suis commandé pour la poursuite, et je crois sérieusement que de cette armée impériale il ne s'échappera que dix mille hommes qui se retirent sur Trieste. Malgré mon extrême fatigue je vais remonter à cheval, il le faut; soyez sans inquiétude, la mort m'épargne à cause de vous et pour me permettre de vous revoir et de vous embrasser, vous qui êtes tout ce que j'ai de plus cher... Adieu. »

« Milan, 10 vendémiaire an V.

« Je suis arrivé à Milan hier soir; avant-hier nous avons investi Mantoue; c'est pour la troisième fois; j'espère que ce sera la dernière. Le général commandant l'armée ennemie est dans cette ville avec ses débris: il ne doit pas avoir dix mille hommes en état de porter les armes. Auguste est à Vérone avec mes équipages. Sa santé est rétablie. Je suis un des seuls de l'armée qui n'ai pas été malade; la saison des fièvres étant passée, je suppose que je n'ai plus à les craindre. Combien de temps resterai-je à Milan? ce sera peu, je pense. Portez-vous bien, c'est mon plus grand désir. »

« Vérone, 26 vendémiaire an V.

« Vous me demandez mon portrait, au premier moment de repos je tâcherai de vous satisfaire; ce sera la première fois qu'on m'aura peint, et il est bien naturel que ce premier exemplaire soit pour vous. Auguste n'a plus la fièvre, mais il est faible; moi j'étonne tout le monde, car avec mes blessures et mon apparence peu vigoureuse, je supporte des fatigues auxquelles de plus forts n'ont pas résisté. Je suis toujours en course, et il m'est arrivé de rester soixante heures à cheval, n'en descendant que pour changer de monture, mangeant à cheval et luttant contre le sommeil. Aussi ai-je crevé bon nombre de chevaux. Je me suis remonté en juments qui font un meilleur service que les hongres et n'ont pas les ennuis des entiers.

« Nos affaires vont toujours très-bien; en quittant Milan je suis allé à Parme, Reggio, Modène, Bologne et Ferrare. Les habitants de ces pays paraissent nous être attachés. — Ménonville peut venir, car étant officier on trouvera à lui faire avoir des chevaux à peu près pour rien. Je ferai au ministre une demande pour l'avoir comme aide de camp. Dans une douzaine d'années, j'espère bien faire un militaire de mon neveu, et grâce à moi les commencements de son service lui seront doux. »

• Vérone, 3 brumaire an V.

« J'ai une occasion de vous envoyer mon portrait. Un capitaine d'artillerie, ancien canonnier à mon premier régiment, rentre en France et va résider à Auxonne; il veut bien se charger d'aller vous le porter lui-même et de vous donner de vive voix de mes nouvelles. Je ne sais trop sur quelle tabatière il sera monté; je donne de l'argent au capitaine pour un de mes aides de camp, qui est à Milan, afin que celui-ci en achète une en or pour femme, et y fasse monter le portrait. A la première occasion je me ferai encore peindre, et cette fois ce sera pour ma sœur.

« Auguste envoie aussi par le capitaine un louis d'or à sa sœur. Dites à M. de Nogent que le général Bonaparte est bien sensible à son souvenir; il me charge de lui envoyer ses amitiés. Adieu, chère maman, je ne crois pas que le portrait vous fasse penser davantage à l'original, mais du moins l'original sera content de se dire que vous embrassez le portrait. »

XII

DEPUIS LA BATAILLE D'ARCOLE JUSQU'A LA PAIX
DE CAMPO-FORMIO.

« 5 frimaire an **V.**

« Enfin l'ennemi est vaincu, mais depuis le 12 du mois dernier nous nous sommes battus à peu près tous les jours; pas un instant pour vous écrire. Nous avons eu pour la clôture une bataille de trois jours consécutifs. L'ennemi voulait débloquer Mantoue et n'est pas parvenu à son but, mais l'affaire a été rude; nous avons perdu beaucoup d'officiers; douze généraux sont tués ou blessés; mais les pertes de l'ennemi sont encore bien plus grandes. Cependant l'armée a grand besoin de repos et il faut espérer que la campagne va finir. Je vais vous donner quelques détails, et vous pourrez sur la carte suivre nos mouvements.

« L'ennemi serrait de très-près le général Vaubois dans ses positions du Trentin. Le général en chef se décida alors à faire une diversion en marchant droit au corps autrichien campé en arrière de la Brenta. Je ne sais si son intention était de faire une contre-marche dans les vallées, ou d'obliger l'ennemi à repasser la Piave et à faire rentrer dans le Tyrol la division qui occupait le Trentin. Mais dans le moment même où la division Augereau s'avançait vers Vicence, celle de Masséna fut obligée de se retirer de Bassano, où l'ennemi menaçait de l'envelopper, car il avait jeté des ponts sur la Brenta à l'endroit où cette rivière coupe la route de Vicence à Citadella. L'ennemi avait alors pris ainsi ses positions : son avant-garde à la tête des ponts et son corps de bataille en arrière de la rivière.

« Le lendemain Masséna revint sur ses pas et marcha à l'ennemi par la route de Citadella, tandis que le général Augereau arrivait par celle de Bassano.

« La division Masséna se battit presque tout le jour et força l'ennemi à se retirer dans une île formée par un canal de la Brenta ; mais il ne fut pas possible de l'obliger à repasser complétement la rivière.

« La division Augereau rencontra l'ennemi dans un

village à quatre milles de Bassano. Ce village servait
de tête à un pont jeté sur la rivière. De ce côté l'ennemi fut complétement culbuté ; mais le manque de
forces suffisantes ne permit pas de se prolonger jusqu'à Bassano ; il n'était pas prudent d'ailleurs de s'a-
venturer, car le succès de la division Masséna étant
douteux, il était à craindre que l'ennemi par un effort
nouveau ne coupât les deux divisions, déjà trop éloignées l'une de l'autre. Il fallut donc battre en retraite ; elle se fit en bon ordre, mais nous avions trois
cents hommes tués et sept cents blessés, et laissé à
l'ennemi deux pièces de canon. Ces pertes avaient
été en grande partie causées par l'artillerie ennemie
fort bien placée et épaulée sur l'autre rive de la rivière. Cependant comme nous avions pris une pièce
de canon, on fit mettre des lauriers aux chapeaux
des soldats pour leur donner un air de victoire.

« Tandis que nous nous retirions sur Vicence, le
général en chef apprit que l'ennemi avec des forces
supérieures avait forcé le général Vaubois dans
ses positions, et que cet officier n'avait eu d'autres ressources que de prendre celles de Rovérédo,
mais que, ne les connaissant pas, il ne pouvait répondre d'y tenir. La marche de l'armée sur Vérone fut
alors décidée.

« Le général Alvinzi vint prendre position à Caldéro, à huit milles de Vérone; sa droite à Colognola, sa gauche contre un mamelon escarpé un peu en arrière du village de Caldéro; son avant-garde sur les hauteurs de Saint-Jacques, poussant ses postes jusqu'au village de Saint-Martin, position plus redoutable à la vue qu'elle ne l'était en réalité, et que l'on aurait pu tourner si au lieu de détruire notre pont sur l'Adige nous l'eussions couronné, le rendant inexpugnable à peu de frais.

« Pendant ce temps Vaubois, toujours abandonné à lui-même, avait été obligé de se retirer sur les hauteurs de Rivoli. Le général en chef, persuadé que ce général a plus de monde qu'il ne lui en faut pour défendre sa position, fait avancer Augereau et Masséna en avant de Vérone et se décide à attaquer l'ennemi de front. Le premier jour nous culbutons l'avant-garde, et le lendemain, malgré un temps affreux, on se dispose à reprendre la bataille. Masséna doit attaquer Colognola, et Augereau Caldéro. Mais le grand point est Colognola d'où l'on dominera toutes les autres positions de l'ennemi. Malgré la pluie qui rend le terrain très-glissant, Colognola est enlevé par l'infanterie légère; mais, n'étant pas soutenue par la réserve qu'on avait trop éloignée, elle fut bientôt mise dans un désordre épouvantable ainsi que le corps qui combattait à la droite; un général fut fait prisonnier. Il était temps que la réserve arrivât pour soutenir la retraite. L'ennemi ne nous inquiéta que pendant deux milles, et nous pûmes rentrer dans Vérone, mais avec la croyance que nous allions avoir l'Adige à défendre.

« Le général en chef, toujours convaincu que Vaubois a plus de monde qu'il ne lui en faut pour la défense de Rivoli, et quelques officiers soutenant cette idée par animosité contre Vaubois, le général en chef, dis-je, retire troupe sur troupe de Rivoli, comptant y laisser 4,000 hommes. Mais par une faute de calcul, très-commune à l'état-major, on en laisse au plus 3,000. Par ce moyen on renforce les divisions Augereau et Masséna. On se dispose alors à passer l'Adige et à se porter à Villa-Nova sur les derrières de l'ennemi. On rétablit donc l'ancien pont, et l'on fait passer la division Masséna sur la chaussée de gauche et celle d'Augereau sur celle de droite pour se porter sur Saint-Bonifacio. La faute fut de ne pas savoir qu'au village d'Arcole il faudrait passer la rivière l'Aldego sur un pont qu'il ne serait possible d'aborder que par le flanc et en cheminant sur une chaussée de dix-huit pieds de large battue par le canon de l'ennemi et par l'infanterie postée derrière une digue à droite, tandis qu'à gauche un autre corps d'infanterie était embusqué dans un chemin traversant le marais de Saint-Bonifacio. Nous tombâmes dans un coupe-gorge dont la division Augereau ne s'est tirée que par la conduite et l'intrépidité de son chef. Enfin nous sommes vainqueurs et c'est là l'essentiel. »

« Vérone, le 16 frimaire an V.

« Nous voici rentrés à Vérone, bien fatigués. Nous pensons y rester quelque temps en attendant les quartiers d'hiver. On parle d'un armistice prochain et de la paix. Il va passer ici un général envoyé par le Directoire à Vienne pour en traiter. Nous désirons que cela réussisse, car nous avons bien besoin tous d'aller nous reposer chez nous. Quand j'aurai des nouvelles je vous l'écrirai. »

« Vérone, 9 nivôse an V.

« Enfin, chère maman, me voilà remis de mes fatigues, et je puis, à tête reposée, répondre aux questions que vous m'avez faites : le jeune Raymond est caporal ; je l'ai recommandé à son général et lui ai fait remettre un louis. Jean-Baptiste Clément est brigadier au 8ᵉ dragons ; Crempotte est aujourd'hui chef de bataillon au siége de Mantoue. J'espère que je suis exact à vous donner des nouvelles de vos protégés. Vous m'annoncez l'arrivée du jeune de Condé ;

s'il n'est pas encore parti, dites-lui d'aller à Châlons tâcher de se faire admettre dans l'artillerie. Cependant, s'il vient ici, je ferai en sorte de le caser convenablement et je m'occuperai de lui et de son avenir militaire. »

« Gorizia, 1er germinal an **V.**

« Revenus d'une expédition contre le Pape, nous n'avons pas tardé à nous remettre en campagne. Nous sommes à la veille de pénétrer dans le cœur des États de l'empereur d'Autriche. Le prince Charles, arrivé du Rhin, s'est fait battre à Tagliamento et se retire avec les débris de son armée. Je ne pense pas que nous lui donnions d'autre relâche que celle du repos obligé qu'il nous faut prendre nous-mêmes après les marches longues et pénibles que nous avons à faire. Nous allons quitter l'Italie pour un climat plus sain. »

« Quartier général de Brux, 23 germinal an V.

« Notre armée est en Allemagne, ma chère maman, et nous ne sommes plus qu'à vingt lieues de Vienne, mais il est probable que la paix nous empêchera d'y entrer. Il y a eu armistice de cinq jours ; il finira demain. Dans la supposition où la paix se ferait, je m'arrangerai de manière à ne pas revenir par l'Italie, mais par l'Alsace, pour arriver plus tôt près de vous. »

« 27 germinal.

« Chère maman, la paix est à peu près faite ; notre général en chef en a signé les préliminaires. Je vous verrai donc bientôt. J'arriverai avec huit juments et nous pourrons labourer. Je vous envoie cette lettre par un adjudant qui va à Paris par Strasbourg. Vous l'aurez donc bien vite. »

« 27 floréal an V.

« J'ai quitté l'Allemagne, mais il a fallu rentrer en Italie ; nous sommes en guerre avec les Vénitiens. Cela ne sera pas long, car nous sommes déjà maîtres de toutes leurs possessions de terre-ferme et il ne tient qu'à nous de mettre une garnison dans Venise. Pendant que nous étions en Allemagne, ils ont commis à Vérone des horreurs, massacrant nos malades ; ils ont même osé attaquer la citadelle de Vérone sans pouvoir la prendre. Le général Bonaparte a vengé l'humanité et le sang français. Toutes les provinces vénitiennes sont confisquées : notre armée les occupe et nous pourrons nous en servir pour dédommager l'Autriche des autres pertes qu'elle a faites. Je réunis tout mon parc d'artillerie dans la prévision d'une prochaine rentrée en France. »

« Milan, 13 messidor an V.

« Je viens de recevoir un congé de trois mois en même temps que votre lettre du 8 juin. Je fais partir Auguste et mes chevaux. Quel bonheur de vous voir ! A bientôt, chère maman, je ne vous écrirai plus. »

XIII

La guerre était finie ; madame de Dommartin attendait son fils qu'elle n'avait pas vu depuis quatre ans. Combien elle avait besoin de lui dire ses épreuves pendant les jours d'inquiétude et de misère qu'il avait fallu traverser ! Combien il lui tardait d'entendre de sa bouche le récit des batailles, où elle l'avait suivi par la pensée, priant Dieu de le préserver de tous dangers !

Lui-même quittait l'Italie persuadé qu'il allait revoir son pays, la maison paternelle, les champs où il s'était réjoui de promener la charrue attelée de ses chevaux de guerre. Il se trompait : malgré le calme apparent de la France, l'esprit révolutionnaire s'agitait. Le Directoire avait besoin pour se soutenir des officiers de l'armée d'Italie. On avait dû charger Augereau du commandement de Paris. Dans les premiers jours de juillet 1797 le général de Dommartin avait fait partir d'Italie Auguste avec ses chevaux, mais il avait prévenu sa mère qu'un ordre supérieur l'appelait à Paris. Il y arriva en effet le 24 juillet; le général Augereau l'y retint.

« Paris, 18 thermidor.

« Chère maman, je comptais quitter Paris bien vite et me voilà encore obligé d'y rester. Des affaires majeures retardent mon retour près de vous en dépit de mon désir d'aller vous embrasser. »

Ce retard fut pour madame de Dommartin un chagrin inattendu. Cependant elle espérait encore qu'un jour prochain la réunirait à son fils; aussi fut-ce avec des larmes qu'elle lut la lettre suivante :

« Paris, 22 thermidor.

« Je comptais vous arriver et voici qu'il me faut différer le plaisir de vous voir. Bien plus, aussitôt la présente reçue, je vous prie de faire partir Auguste pour Paris où il amènera celui de mes chevaux gris qu'il voudra avec ma meilleure selle. Il fera diligence pour arriver vite. Je loge à l'hôtel de Toscane, rue Richelieu. »

Que se passe-t-il? Depuis la fin de la guerre on redoute des événements politiques, et cette inquiétude ajoute au chagrin qu'éprouve madame de Dommartin de ne pas revoir son fils. On est loin d'être rassuré sur l'avenir. En province on garde présent le souvenir des horribles jours de la Convention et on redoute de nouvelles catastrophes. Auguste emporte pour son maître une lettre confidentielle. Un fils peut-il sans raisons bien graves mettre si peu d'empressement à embrasser sa mère? Quelle circonstance imprévue force donc le général à rester à Paris?

A cette lettre il répond bien vite :

« Paris, 2 fructidor an V.

« Auguste est arrivé; vous ne pouvez vous figurer combien je serais peiné si vous aviez l'idée que je puis être peu désireux d'aller vous voir au plus vite. Il a fallu, croyez-le bien, de fortes raisons pour me faire rester ici. Je souffre autant que vous du retard que j'éprouve à vous embrasser, mais soyez sûre que je l'ai fait pour un bien dont vous-même me tiendrez compte.

« Ne craignez rien de Paris, il est très-calme et le *sera*. La France a besoin de tranquillité, nous la lui donnerons en attendant mieux. Si nous avions, comme vous le pensez, la crainte de tomber de Charybde en Scylla, nous saurions bien éviter l'un et l'autre.

« Vous avez dû voir dans les gazettes que je suis nommé au commandement de l'artillerie de la 17ᵉ division, mais pour le moment j'ai un commandement à Paris. Adieu, chère maman, ne m'accusez pas d'un retard bien court et qui ne vient pas de moi; quand vous saurez les raisons vous m'approuverez. »

Le cœur de la mère ne peut se faire à cette pensée que le plaisir de la voir ne l'emporte pas sur tout le reste; elle est mécontente de son fils et le lui fait sentir par son silence. Il en est peiné et le lui écrit.

« Paris, 12 fructidor an V.

« Je m'inquiète de n'avoir aucune nouvelle de vous. J'ai pourtant essayé de vous faire comprendre qu'une raison impérieuse m'obligeait à ne pas quitter Paris. J'irai vous voir, je vous le promets; mais je sers ici sous les ordres du général Augereau; il a de l'amitié pour moi, et je lui dois de chercher à lui être utile dans un commandement difficile comme celui qu'il exerce ici. »

A ce moment même le Directoire, comme on le

sait, préparait un coup d'État ; il avait besoin d'Augereau et celui-ci voulait se sentir entouré de ses anciens compagnons de l'armée d'Italie. Il lui fallait des hommes d'énergie et d'action pour le seconder au besoin, et il avait gardé près de lui le général de Dommartin.

Cinq jours après la lettre précédente, le 18 fructidor (4 septembre), Augereau aidait le Directoire à se débarrasser de deux de ses membres, Barthélemy et Carnot. C'était un premier coup d'État, mais après les troubles dont on ressentait encore les dernières secousses, la France éprouvait une telle lassitude, un tel besoin de tranquillité, qu'on y acceptait tout ce qui pouvait paraître assurer le repos à la nation.

Le surlendemain le général de Dommartin était nommé à l'inspection d'Auxonne; mais cette destination fut bien vite changée, et sa mère, qui l'attendait cette fois avec confiance, reçoit encore ces quelques lignes :

« Chère maman, j'arrive à Metz aujourd'hui 9 vendémiaire et j'en repars à minuit. On m'envoie à Trèves où je serai demain soir. Adieu, le temps me presse. »

Bien que le traité de Campo-Formio parût assurer la paix, le Directoire craignait encore une guerre prochaine du côté de l'Allemagne où la dernière campagne n'avait pas été brillante. Et Trèves devait devenir un centre d'opérations dans le cas d'une reprise d'hostilité.

« Strasbourg, 18 vendémiaire an **VI**.

« Chère maman, je suis rentré à Strasbourg où le général Augereau m'a précédé d'un jour. Je croyais y trouver Auguste avec mes chevaux. Comment n'est-il pas encore arrivé? J'en ai grand besoin pour mon service. Je voudrais bien vous revoir; mais quand cela sera-t-il? Me voici au quartier général de l'armée d'Allemagne; quand reprendrons-nous nos projets de culture? »

« Strasbourg, 4 brumaire an **VI**.

« Je suis très-occupé, je partirai demain pour une tournée. Il ne me sera pas possible d'aller vous voir avant un mois. Quel métier que le nôtre! Ma lettre est bien courte, mais je vous écrirai bientôt. »

« Près de Trèves, 28 brumaire.

« Préparez-vous, chère maman, à me voir vers le 20 du mois prochain. Je mets toute l'artillerie en cantonnement dans les environs de Trèves. Aussitôt que les établissements seront prêts je pars pour aller

passer l’hiver avec vous. On m’a écrit confidentielle-
ment de Paris que je commanderais l’artillerie de
l’armée qui va se former contre l’Angleterre. Mais
cela ne m’empêchera pas de passer l’hiver près de
vous, puisque l’expédition ne pourra se faire qu’au
printemps. J’irai seulement à Paris pour une quin-
zaine.et j’en profiterai pour être utile à bien des personnes de ma connaissance. Ne m’écrivez plus, vos
lettres ne m’arriveraient pas dans la tournée que je
vais faire. A bientôt, enfin! »

L’attitude hostile de l’Angleterre, malgré nos succès en Italie, avait pu donner au Directoire la pensée
d’entreprendre une descente sur ses côtes; mais ce
projet impossible dans l’état où se trouvait la marine
fut alors abandonné.

Sur la fin de novembre le général de Dommartin
obtint enfin un congé et vint embrasser sa mère. De
loin tous deux s’étaient bercés de la pensée que de
longs jours de repos leur seraient réservés. Ne de-
vait-il pas prendre la direction de la maison et des
travaux des champs?

L’hiver arriva; près du feu on fit des projets, mais
à cette époque de fièvre le repos n’était pas permis.
Dès le mois de janvier madame de Dommartin
s’aperçut des préoccupations de son fils; il faisait à

Paris de fréquents voyages, voyait souvent le général Bonaparte, et lorsqu'il revenait près de sa mère il ne lui parlait plus des travaux qu'à son arrivée on avait projetés pour le printemps.

Une expédition se préparait, son but était un mystère. Le Directoire craignait le vainqueur de l'Italie dont la gloire le reléguait au second plan, et celui-ci, désireux déjà de s'emparer du pouvoir, avait besoin d'étonner l'Europe par quelque gigantesque entreprise. Des deux côtés on désirait une guerre et on la cherchait.

Dans le courant de février le général de Dommartin dut enfin avouer à sa mère qu'il lui fallait la quitter; un ordre l'appelait à Paris; une mission importante lui serait confiée; n'était-ce pas un honneur et pouvait-il le refuser? Il assura qu'il serait bientôt de retour; mais la gloire que son fils allait chercher n'adoucit point les peines de la mère; devant ses larmes il sentit qu'il fallait avant tout l'entretenir dans cette pensée que son absence serait de courte durée, et en arrivant à Paris il écrivit :

« Je serai bientôt de retour près de vous, chère maman, et je pense bien à vous. Je m'occupe ici; du Chesnoy aura le poste qu'il désire, je l'attends avec impatience afin de le mettre au courant de ce

qu'il aura à faire. Alors je retournerai quelques jours
avec vous ; je vous écrirai pour que vous vous trou-
viez à Saint-Dizier le jour où j'y serai. »

La nation, terrifiée par la Convention, se réveillait
pleine de sève et nos victoires avaient exalté les esprits. Le bruit vague d'une expédition prochaine
dont on ignorait le but stimulait toutes les imagina-
tions. Non-seulement les jeunes gens, mais les hommes d'un âge mûr voulaient en faire partie. Elle devait, disait-on, être commerciale, scientifique en
même temps que guerrière. Les voisins du général
de Dommartin, ses parents, ses amis et jusqu'à son
beau-frère lui-même, M. de Chateauvieux, l'avaient
supplié et le priaient encore chaque jour de les faire
attacher à cette campagne. La joie de ne plus sentir
le joug sanglant et oppresseur de la Convention
donnait la fièvre à la nation entière.

Où allait-on ? nul ne le savait, mais qu'importe ?
on enrôlait des savants, des médecins, des corres-
pondants, des écrivains ; M. de Chateauvieux obtint
une position civile dans cette expédition et, cédant à
un entraînement que tant d'autres subissaient, il
quitta sa femme et ses enfants pour l'inconnu. La
peste l'attendait sur des rives lointaines ; il ne devait
plus revoir la France.

XIV

EXPÉDITION D'ÉGYPTE.

Le 5 mars 1798, le général Bonaparte remit au Directoire une note confidentielle, et d'après ses indications, des mesures pour la formation d'une armée de débarquement furent aussitôt arrêtées. Cette note désignait Civita-Vecchia, Gênes, Ajaccio, Toulon, Nice, Antibes comme ports d'armement et de débarquement, pour 25,000 hommes d'infanterie et 3,000 cavaliers sans chevaux. Les premiers frais étaient évalués neuf millions.

Une commission désignée sous le nom de Commission d'armement des côtes de la Méditerranée fut ainsi composée : « Duchayla, contre-amiral; Leroy, commissaire de la marine ; Dommartin, général d'artillerie ; Sucy, ordonnateur. »

Le général Baraguey d'Hilliers fut envoyé à Hyères,

Desaix à Civita-Vecchia, Vaubois à Bastia et Kléber
à Toulon pour présider aux embarquements. Le
contre-amiral Brueys, qui se trouvait à Corfou, revint
avec son escadre et fut promu vice-amiral. Le contre-
amiral Perrée vint le rejoindre à Toulon. La flotte
se composait alors de six vaisseaux et huit frégates
de la marine française, cinq vaisseaux et cinq frégates de la marine vénitienne. Pas un seul bâtiment
anglais ne se trouvait à ce moment dans les eaux de
la Méditerranée.

Chaque jour on voyait arriver à Toulon des savants,
des artistes, des ouvriers de toutes professions, et
même de simples touristes. Ils s'embarquaient sans
qu'aucun d'eux sût où il allait.

M. de Dommartin, chargé de l'artillerie, se rendit
à Toulon.

« 26 ventôse an VI.

« Chère maman, je quitte Paris aujourd'hui à
midi; j'envoie à mon beau-frère une commission
d'inspecteur des équipages; j'adresse en même
temps au jeune de Condé un ordre pour me rejoindre.
De Lisle, Rollot, Paillète partent avec moi. Vous voyez
que j'aurai autour de moi des gens de connaissance.
L'expédition que nous allons faire sera agréable et
utile; soyez donc sans la moindre inquiétude... »

« Lyon, 29 ventôse an VI.

« Je suis à Lyon depuis ce matin, j'en repars ce soir. J'ai trouvé une place pour la Tour; dites-lui, je vous prie, de m'envoyer à Toulon ses états de services, afin que je puisse lui faire expédier son ordre de départ. Faites partir Auguste; qu'il apporte mes pistolets. Mon beau-frère et Condé peuvent envoyer leurs effets par mon fourgon. Qu'on se hâte. Ne vous inquiétez pas de moi; la mission que j'ai est très-agréable sous tous les rapports et ne sera nullement périlleuse; elle sera même bien vite terminée.»

« Toulon, 4 germinal an VI.

« Les préparatifs de l'expédition se font avec une grande activité; je suis à présent certain que pour le 10 du mois prochain au plus tard il pourra sortir de nos ports une force de terre et de mer telle que la France n'en a jamais eu dans ces parages. Le but de l'expédition reste une énigme.»

Bonaparte attendait à Paris que les préparatifs fussent terminés. Une circonstance imprévue faillit changer tous les projets. Bernadotte, ambassadeur à Vienne, dut quitter la ville à la suite d'une manifestation hostile de la population. On put croire à une rupture prochaine, et Bonaparte, en prévision d'une nouvelle guerre continentale, avait envoyé l'ordre aux généraux Desaix et Baraguey-d'Hilliers de se tenir prêts à débarquer leurs troupes. Mais l'émotion causée par cet incident se calma bien vite, et le 10 mai Bonaparte arriva à Toulon.

Une grande agitation régnait dans les esprits; on cherchait à percer le mystère qui enveloppait cette expédition. Débarquerait-on en Portugal, au Brésil ou en Angleterre? Les plus clairvoyants désignaient l'Égypte.

La joie de ces émigrants militaires et civils tenait du délire. Aussi, à la veille de partir, M. de Dommartin veut donner à sa mère la confiance qu'il ressent lui-même.

« Toulon, 23 floréal an VI.

« Chère maman, je crois que nous partons demain. Soyez sans inquiétude, l'expédition sera courte et point dangereuse. Rapportez-vous-en à moi pour les soins à avoir de mon beau-frère. Adieu.»

Le 18 mai, Bonaparte s'embarqua sur l'*Orient* et prit avec lui sur son bord le général Berthier, le général de Dommartin, le commissaire Sucy, le payeur Estève et les médecins Desgenettes et Larrey. En mer les hommes apprirent que l'Égypte était le but de l'expédition.

M. de Dommartin pense à sa mère; un courrier est envoyé en France par le général en chef, il en profite.

« A bord de l'*Orient*, 9 prairial an VI.

« Nous sommes déjà loin de la France, ma chère maman. Je me porte à merveille. La seule pensée de la brillante expédition que nous allons faire suffirait pour nous rendre à tous la santé.»

On prit Malte : conquête facile que l'esprit révolutionnaire avait préparée, mais surtout conquête malheureuse qui, en détruisant l'indépendance et l'autorité des chevaliers, ne devait profiter qu'à l'Angleterre.

Bonaparte versa dans la caisse de l'armée le trésor de Saint-Jean, et fit au Directoire hommage des drapeaux et des objets d'art. Le général Baraguey-d'Hilliers fut chargé de porter en France ces dépouilles d'un ordre religieux détruit par la République, et la frégate *la Sensible* se tint prête à appareiller.

Mais le général en chef, informé qu'une flotte anglaise devait se trouver dans les environs de Cagliari, écrivit à la hâte, de sa main, au général de Dommartin les lignes suivantes :

« Général, mon intention est que la frégate *la Sen-sible* ne parte de ce port qu'après s'être approvi-sionnée à l'arsenal de la quantité de poudre et bou-lets de 12, calculée à raison de soixante coups par pièce. Je vous prie de donner de suite les ordres en conséquence, car la frégate attend ces munitions à bord pour mettre à la voile.

« Bonaparte. »

De son côté le général en chef avait hâte de quitter Malte ; il y laissa 4,000 hommes avec le général Vaubois et se réembarqua.

Le 1er juillet, quarante-cinq jours après le départ de Toulon, on aperçut les côtes d'Égypte, et le len-demain les minarets d'Alexandrie ; mais en même temps le consul de France venait annoncer à bord de la *Junon* qu'une escadre anglaise avait passé en vue deux jours auparavant. Cette nouvelle inquiéta Bonaparte ; bien que le temps fût mauvais pour un débarquement, il voulut agir vite en prévision d'une attaque de l'escadre ennemie ; pourtant la mer très-houleuse ne permettait pas aux bâtiments de mouiller à moins de huit kilomètres au large.

Mais, sachant qu'il avait moins à craindre des flots que des Anglais, Bonaparte pressa le débarquement. A onze heures du soir les divisions Bon, Kléber et

Menou, massées dans des canots, s'approchèrent lentement de la côte ; la mer heurtait les embarcations l'une contre l'autre, et l'on entendait les cris des soldats entassés et errants au milieu de cette obscurité. L'inquiétude prit Bonaparte ; à une heure du matin il demanda un canot et s'y jeta avec les généraux Berthier, de Caffarelli du Falga, et de Dommartin. On ne pouvait fixer, tant la nuit était sombre, le point du débarquement ; le canot vint aborder près du fort Marabou.

Les embarcations commençaient à mettre à terre les hommes des divisions ; quelques-uns seulement, tombés à la mer, avaient péri ; mais [le découragement causé par les émotions de la tempête s'emparait des troupes ; la présence de Bonaparte les ranima ; lui, comprenant alors qu'il ne fallait pas donner à la fatigue le temps d'amollir les courages, marcha sur Alexandrie sans attendre que l'artillerie fût débarquée. Avant midi la ville était enlevée, et à la même heure le général de Dommartin faisait savoir au général en chef que le parc d'artillerie était prêt à marcher.

Le 7 juillet l'état-major quitta Alexandrie, se dirigeant sur le Caire. Il fallut de vieux soldats, aguerris par la campagne d'Italie, pour supporter ces dix-sept jours de fatigues et de faim. Les soldats, sac au dos, portant pour cinq jours de vivres, accablés par les ardeurs du soleil, les pieds brûlés par le sable, harcelés par les Bédouins, reprenaient tout à coup une énergie nouvelle par le phénomène du mirage qui leur montrait dans le lointain des fleuves et des étangs. Quelques-uns pourtant, frappés d'insolation, tombaient et ne se relevaient plus. Ces souffrances diminuèrent sur les rives du Nil, et le 12 juillet, en apprenant à Salamé l'approche des Mamelouks, ces mêmes hommes qu'on aurait pu croire accablés se préparèrent joyeusement au combat; les Mameloucks furent battus près des Pyramides, et l'armée française entra au Caire abandonné par Ibrahim-Bey.

Dès son arrivée en Égypte, la première pensée du général de Dommartin avait été pour sa mère; mais ses lettres n'arrivèrent pas en France, ce ne fut que quatre mois après le départ de l'armée, que, par ordre du ministre de la guerre, madame de Dommartin reçut la dépêche suivante:

« Paris, 27 vendémiaire an VI.

« Le général Dommartin se porte bien; le bonheur et la victoire ne l'ont pas abandonné sur la terre d'Égypte. Voici les propres termes du rapport du général Bonaparte au Directoire:

« L'artillerie a fait merveille, je demande le grade

de général de division pour le général de brigade Dommartin.»

« Je me hâte, madame, de vous en informer et désire être assez heureux pour vous en donner le premier la nouvelle.

« Salut et respects. »

Un légitime orgueil fit battre le cœur de madame de Dommartin ; cependant elle se demandait pourquoi toutes ses lettres étaient demeurées sans réponses ; mais elle oublia ses peines lorsqu'elle revit enfin l'écriture de son fils. Ce fut dans les derniers jours d'octobre qu'elle reçut sa première lettre :

« Le Caire, 2 fructidor an VI.

« Nous sommes arrivés au Caire le 5 du mois dernier, ma chère maman, après avoir bien battu les Mameloucks l'avant-veille près des Pyramides. Je vous ai écrit depuis plusieurs lettres ; vous sont-elles parvenues ? Mon beau-frère est ici. Autour de moi tous se portent bien, et moi-même je ne m'aperçois pas du changement de climat. César Paillète a été tué par les Arabes pour n'avoir pas suivi l'ordre prescrit dans la marche et s'être écarté des colonnes. Mon pauvre Auguste a été emporté par un boulet.

« Adieu, mille choses à toutes les personnes de ma connaissance. Je vous embrasse.

« Général DOMMARTIN.

« *P. S.* — J'ai été nommé général de division à la bataille des Pyramides. »

La mort d'Auguste fut un deuil dans la maison ; madame de Dommartin perdait en lui le filleul qu'elle avait élevé, et le fidèle serviteur de son fils ; un pressentiment assombrit sa pensée ; cette terre d'Égypte n'allait-elle pas garder tous ceux qu'elle aimait ?

Pourtant une autre lettre, arrivée quelques semaines plus tard, lui rendit un peu de son courage.

« Alexandrie, 13 fructidor an VI.

« Il y a quelques jours que je suis ici, chère maman, après avoir fait une tournée d'inspection. Je vais repartir pour le Caire où je serai dans quatre jours. Je vous ai écrit bien souvent, mais je n'ai pas encore reçu une seule de vos lettres depuis que j'ai quitté la France ; je crains que vous n'ayez pas eu les miennes.

« Mon beau-frère, d'Allonville, Guénard, enfin tous ceux que vous connaissez et qui m'entourent se portent bien. »

A partir de cette date toute correspondance directe entre l'Égypte et la France devient à peu près impossible. La bataille navale d'Aboukir, en détruisant notre flotte, a livré la Méditerranée aux Anglais ; et de son côté le gouvernement de Paris, autant par faiblesse que par jalousie, se désintéresse de cette entreprise et de la petite armée perdue au-delà des mers.

Le Directoire, sans consistance, n'inspirant ni confiance ni respect, avait peine à se soutenir et devait bientôt perdre tous les avantages de la paix de Campo-Formio. Ce pouvoir manquant d'individualité n'avait ni cohésion ni force. Aussi, sans rechercher si la campagne d'Égypte avait été sagement combinée, il faut reconnaître qu'elle fut, de la part du Directoire, aussi mollement poursuivie qu'elle avait été légèrement entreprise. Et pourtant cette poignée d'hommes presque toujours victorieuse allait lutter loin de la mère patrie contre le climat et la peste, tandis que les généraux Jourdan et Schérer se feraient battre en Europe et que Masséna n'arrêterait qu'à grand'peine une invasion menaçante.

Après la bataille des Pyramides, la prise de possession du Caire semblait assurer la conquête de l'Égypte. Mais cette expédition à laquelle officiers, soldats, artistes et savants avaient couru comme à

une partie de plaisir, se montra bientôt dans sa
triste réalité. Conquérir ne suffisait pas, il fallait
conserver la conquête. La bataille d'Aboukir vint
fermer la route de la France. Avec le peu de sym-
pathie du Directoire, il ne fallait plus compter sur
un effort de sa part pour apporter à l'armée d'Égypte
le moindre secours en hommes ou en argent; aussi
la misère devint-elle grande dans l'armée. Un ordre
du général en chef dut contraindre à porter au payeur
les lingots, les bijoux, les tapis, les schalls. On paya
la solde des soldats avec des objets précieux que des
brocanteurs rachetaient à vil prix.

Tandis que l'Angleterre, maîtresse de la mer, pouvait se convaincre chaque jour que le Directoire ne
ferait rien pour relever la marine, et qu'il laisserait
enfermer l'armée d'Égypte dans une conquête devenue sa prison, la Turquie se préparait à la guerre.

Fortifier les côtes pour les défendre contre les Anglais, et se porter en Syrie pour arrêter l'invasion
des Turcs en Égypte, parurent à Bonaparte les seuls
moyens de conserver, pour un temps du moins, les
pays conquis. Le général de Dommartin fut chargé
d'armer Damiette, Alexandrie, Rosette et les places
situées sur les bords du Nil. Plus tard on songea à
Suez, lorsque l'expédition de Palestine fut arrêtée.

Pour relier entre elles les villes et activer les correspondances on établit sur le Nil et ses canaux des felouques légères et des djermes armées. Montant et descendant chaque jour les branches du fleuve, elles portaient d'un point à un autre les hommes, les munitions et les ordres.

Il était de la plus grande importance de s'armer au plus vite ; du quartier général on pressait les travaux de défense. On redoutait les forces combinées de l'Angleterre et de la Turquie. D'un autre côté les attaques incessantes des Arabes troublaient l'armée ; Bonaparte multipliait ses ordres.

« Le Caire, 15 vendémiaire an VII (6 octobre 1798).

« Au général Dommartin.

« Vous avez sans doute reçu de bonnes nouvelles d'Alexandrie et d'El-Ramanyeh. Recommandez au citoyen Foultier de nous faire passer de suite, immédiatement après notre équipage de campagne, trois mille fusils ; six pièces de 24 ; tous les petits mortiers de 5 pouces ; six mortiers de 8 pouces ; quatre mortiers de 12 pouces à grande portée.

« Faites ramasser de suite au vieux Caire, à Gyseh, à Boulac, toutes les djermes, mettez-y un officier d'artillerie intelligent et envoyez-les à Ramanyeh. Si tout cela peut partir demain, vous nous rendrez grand service et nous mettrez à notre aise. A mesure qu'il vous arrive de l'artillerie, faites-m'en passer note. »

« Le Caire, 27 vendémiaire an VII (18 octobre 1798).

« Au général Dommartin.

«Je désirerais que vous nommassiez le citoyen d'Anthouard directeur de l'artillerie à Damiette. Ce poste si intéressant a besoin d'un officier de distinction. Indépendamment de l'armement de différentes batteries, il faut qu'il établisse un atelier de cartouches et qu'il ait de quoi fournir à l'armement de la flottille du lac Menzaleh.

« Faites choisir à Giseh huit à dix pièces de canon d'un calibre inférieur à 3 et mettez-les à la disposition du commandant d'armes à Boulac avec les boulets de calibre, nous en avons le plus grand besoin pour armer les bateaux du lac Menzaleh. »

Ce lac Menzaleh était le rempart des Arabes, qui, maîtres de la navigation, empêchaient la possession paisible du Delta. Touchant d'un côté à la branche du Nil qui coule vers Damiette, et de l'autre aux ruines de Peluse en même temps qu'aux sables de Syrie, il permettait aux Arabes de s'approcher à l'im-

proviste des villes et des villages d'Égypte, et de dis-
paraître à la première alerte.

Bonaparte, sans cesse inquiété par les incursions
rapides des Bédouins, voulait à tout prix s'emparer
du lac ; il écrivait lui-même au général de Dommartin :

« J'ai disposé des quatre affûts de ma djerme pour
armer les bateaux qui sont sur le lac Menzaleh ; je
vous prie de me faire délivrer quatre affûts pour le
réarmement de ma djerme. »

Le lac avait permis, le 14 septembre précédent, à
Hassan-Toubar de surprendre à Damiette le général
Vial, et si l'amour du pillage n'avait pas débandé
les Arabes, la 13e demi-brigade entière eût été
égorgée.

Depuis, le général Andréassi, chargé d'explorer le
lac, avait eu sa petite flottille vigoureusement atta-
quée le 8 octobre ; le général de Damas, arrivé à
temps, s'était emparé du bourg de Menzaleh ; un
poste militaire y avait été établi, et une flottille bien
armée croisait sur le lac.

Rassuré de ce côté, Bonaparte se préoccupe de
l'expédition projetée en Syrie ; la ville de Suez doit
lui servir de point d'appui. Le 29 vendémiaire
(20 octobre) il écrit au général de Dommartin :

« Le général Reynier me presse de lui envoyer des munitions d'infanterie, des munitions pour les pièces de 3, sa pièce de 8 et son obusier. Voyez si vous pouvez faire partir tout cela demain. Comme le convoi expédié par eau a dû passer par Damiette pour se rendre à Suez, faites partir pour Salheyeh les pièces que vous avez fait préparer pour Suez. Que les chameaux reviennent et préparez deux autres pièces pour Suez. »

Le calme apparent qui se faisait dans la basse Égypte, autour de l'occupation française, ne devait pas être de longue durée. Le 22 octobre, une heure après que le général en chef, accompagné du général de Dommartin, était parti pour Giseh, une insurrection éclatait au Caire.

Le général Dupuis, sorti avec une trop faible escorte, est assassiné ; des négociants français sont massacrés, et les insurgés courent au trésor public que défendent avec un héroïque courage les grenadiers de la 32me demi-brigade. Au même moment les Arabes cherchent à pénétrer dans la ville ; l'aide de camp du général en chef, le polonais Solkowski, officier du plus grand avenir, veut défendre l'entrée d'une porte, il est tué.

Plus de cent cinquante Français avaient déjà été

victimes de l'insurrection quand Bonaparte en fut averti ; quittant aussitôt Giseh, il arriva au Caire avec des renforts. Quinze mille insurgés se fortifient aussitôt dans la mosquée d'El-Hasar. Les troupes d'infanterie se massent dans ce quartier et le général de Dommartin met ses canons en batterie ; il faisait nuit ; on attendit la pointe du jour, et le bombardement commença. Foudroyés par l'artillerie, les insurgés demandèrent grâce, mais en vain ; la brèche fut fa..e aux murs de la mosquée, et l'infanterie, s'y précipitant, tua sans merci ni pitié.

L'insurrection vaincue, il fallait calmer l'inquiétude des négociants français. Le général de Caffarelli fut chargé d'élever rapidement des redoutes sur l'emplacement même des batteries dressées par le général de Dommartin, et de construire des forts : l'un prit le nom du malheureux général Dupuis; l'autre, placé entre Boulac et le Caire, fut appelé fort Carmin, en souvenir de l'adjudant général de ce nom, massacré par les Arabes. (*Mémoires secrets pour servir à l'histoire de la campagne d'Égypte*, Vernarel, éditeur, 1825.)

Pendant que la ville du Caire se soulevait, des bruits alarmants sur les dispositions d'Alexandrie arrivaient au quartier général, et Bonaparte donnait aussitôt au général de Dommartin l'ordre d'agir rapidement pour prévenir les troubles de ce côté.

« Au Caire, 7 brumaire an VII (28 octobre 1798).

« Le général Dommartin voudra bien faire partir ce soir pour Alexandrie son chef d'état-major, avec deux capitaines et deux lieutenants les plus distingués par leur courage et leurs connaissances dans le service des batteries et surtout pour tirer à boulets rouges. Ils resteront à Alexandrie jusqu'à nouvel ordre. »

« Au Caire, 8 brumaire an VII (29 octobre 1798).

« Les bâtiments de guerre qui sont dans le port d'Alexandrie ont dans leur cadre une grande quantité de canons de bronze de gros calibre. Il y en a qui sont inutiles à la marine, et qui peuvent servir à l'armement des forts d'Alexandrie. Ordonnez au citoyen Foultier de se concerter avec le citoyen Vavasseur pour cet objet. »

« Au Caire, 9 brumaire an VII (30 décembre 1798).

« Général, faites embarquer sur-le-champ un obusier et une pièce de 8 avec canonniers, attelage et approvisionnements complets. Ces pièces sont destinées à partir à minuit avec le général Murat, qui à cette heure se mettra en route de Boulac.

Comme le commandant des armes a beaucoup de peine pour se procurer des djermes, faites prendre indistinctement celles qui se trouvent à Gyseh. Faites-y mettre cinq à six mille cartouches. L'exécution de cet ordre est très-pressée. »

Alexandrie ne bougea pas, et pour un temps la Basse-Égypte pacifiée subit la domination française. Mais il devenait chaque jour plus évident que la Turquie ne pouvait rester indifférente à l'humiliation infligée au Croissant. Bonaparte savait que des armements se préparaient à Rhodes et en Syrie. Il lui parut dangereux d'attendre qu'on vînt l'attaquer, et il se hâta de prendre l'offensive en portant la guerre en Palestine.

Dès le mois de novembre 1798, le général de Dommartin fut chargé de préparer en secret l'armement des troupes désignées pour l'expédition. Il fit confectionner des espontons dont on arma les officiers, afin qu'avec cette espèce de lance ils pussent tenir les Arabes en échec. Suez fut transformé en place forte.

« Le Caire, 20 frimaire an VII (20 décembre 1798).

« AU GÉNÉRAL DOMMARTIN.

« Je désire que vous fassiez partir, par le convoi qui

va demain à Suez, deux ouvriers en bois et en fer avec les outils nécessaires pour réparer les affûts et en construire de nouveaux pour les pièces qui se trouvent à Suez. Je désire que vous puissiez expédier une ou deux pièces turques du même calibre ou d'un calibre supérieur à celles qui sont parties. Elles seraient traînées par des chameaux. »

Bonaparte, oublié du Directoire dont il n'attendait plus de secours, seul avec une petite armée qu'il allait diviser pour pénétrer au cœur de l'Orient, voulut encore faire appel au gouvernement. Le 17 décembre, il envoya au général Vaubois, qui commandait toujours à Malte, un officier chargé de lettres à destination de la France et d'une dépêche pour le Directoire. Vaubois devait remettre à l'officier tous les journaux français et italiens qu'il pouvait avoir reçus ; depuis fructidor aucune dépêche n'était venue de Malte, et on était en Égypte dans la plus complète ignorance de ce qui se passait en Europe. Le général Vaubois était prié de faire passer en France, par tout bâtiment sûr, les lettres et la dépêche du général en chef, qui se plaignait du silence obstiné du gouvernement.

« Depuis messidor, écrivait-il, je suis sans nouvelles de la France, ce qui est sans exemple même pour les colonies les plus éloignées. » (Correspondance de Napoléon.)

Le général de Dommartin avait écrit à sa mère cette lettre, la dernière qui lui parvint :

« Au Caire, 25 frimaire an VII.

« Voici bien des mois, ma chère maman, que je ne reçois aucune lettre de vous ; je vous ai pourtant écrit souvent, mais j'ignore ce que deviennent nos lettres. Je pense beaucoup à vous ; je me porte bien ainsi que mon beau-frère. Je ne puis rien vous dire, car rien n'est moins sûr que les lettres. Prenez patience ; après avoir porté jusqu'à l'extrême Orient la gloire du nom français, après avoir appris à l'Asie le respect qu'elle doit avoir pour notre puissance, nous reviendrons, et je ne serai pas le moins satisfait de me retrouver dans la maison paternelle, ni le moins heureux d'embrasser ma mère. »

Treize mille hommes étaient destinés à l'expédition de Syrie sous les ordres des généraux Reynier, Kléber, Bon et Lannes. La cavalerie, qui ne comptait que neuf cents chevaux, fut destinée à Murat ; l'artillerie confiée au général de Dommartin ; une compagnie de guides et une autre de dromadaires devaient compléter l'armée expéditionnaire.

Mais, avant le départ, Bonaparte voulait mettre la Basse-Égypte à l'abri d'une attaque de l'Angleterre et d'un coup de main des Arabes. Il invita le général de Dommartin à pousser les travaux de défense. On peut voir combien ses ordres deviennent pressants :

« Le Caire, 28 frimaire an VII (18 décembre 1798).

« AU GÉNÉRAL DOMMARTIN.

« J'ai commandé que l'on retranchât une maison à Birket. Les travaux avancent; il faudra que vous y placiez trois pièces de canon. Je désirais que vous puissiez en faire partir une demain avec les cent hommes de la 32ᵉ demi-brigade qui s'y rendent, ce qui me mettrait à même de faire revenir la pièce du général Rampon qui y est. Les chameaux et les chevaux de cette pièce souffrent; l'autre pièce restera en position. Les chameaux et chevaux qui conduiront cette pièce reviendront au Caire avec ceux de la pièce du général Rampon. »

« Le Caire, 3 nivôse an VII (23 décembre 1798).

« Je donne ordre, citoyen général, au général Reynier de faire occuper Qatyeh par le général Lagrange; mon intention est d'y faire construire un fort capable d'avoir des magasins et de mettre quatre à cinq cents hommes à l'abri d'une attaque de vive force. Il est nécessaire que vous donniez des ordres pour que l'on y envoie le plus tôt possible le train de l'artillerie qui est à Salheyeh et que vous y formiez un établissement pour servir de magasin d'approvisionnements de guerre et spécialement de cartouches. Il est très-nécessaire que dans le plus bref délai possible l'artillerie soit rendue à Qatyeh et en mesure de protéger le corps qui s'y trouvera. Envoyez, si cela est possible, des pièces d'un même calibre, et ce qu'il y a de meilleur à Salheyeh; faites mettre, dans l'approvisionnement des pièces, des clous d'acier pour les enclouer en cas d'événement. Envoyez-y un officier supérieur de confiance pour veiller à cette opération qui doit être faite avec la plus grande célérité. Mon aide de camp Merlin part demain avec quarante hommes pour Salheyeh. »

« Le Caire, 23 nivôse.

« Au général Dommartin.

« Il y a entre Salheyeh et Qatyeh un pont sur un canal qui a besoin d'être raccommodé. Ni les chameaux, ni l'artillerie ne peuvent y passer, ce qui oblige, pour se rendre de Salheyeh à Qatyeh, de faire un détour de plus de huit lieues. Il y a aussi plusieurs lacs où il n'y a que deux pieds d'eau, qu'il sera nécessaire de rendre plus praticables en en faisant jalonner les gués. Faites partir, je vous prie, dans la journée de demain un officier intelligent avec deux escouades de pontonniers et tout ce qui peut être nécessaire pour cet objet. »

« Le Caire, 1er pluviôse an VII (20 janvier 1799).

« Je vous prie, général, de faire faire un modèle de lances pour le régiment des dromadaires; un de quinze pieds, un de dix-huit, un de vingt et un. »

A cette époque de la fin de janvier 1799, MM. Hamelin et Liveron débarquèrent à Alexandrie; ils venaient de France par Trieste; après huit mois de silence, le Directoire envoyait ses félicitations, mais rien de plus. Bonaparte apprit par eux qu'on se préparait à une nouvelle guerre européenne, et aussitôt il brusqua l'expédition de Syrie. Le général de Dommartin reçut l'ordre de se tenir prêt. Mais les chevaux manquaient pour le transport du parc d'artillerie. Il en informe le général en chef qui lui répond :

« Le Caire, 3 pluviôse an VII (22 janvier 1799).

« J'espère pouvoir vous fournir entre demain et après-demain une soixantaine de chameaux. Faites acheter des mules le plus que vous pourrez ; faites vos envois sur Suez par des chameaux de louage. Remplacez les deux pièces de 12 qui vous manquent par deux pièces de Rosette, et si celles-là ne vous arrivent pas à temps, par deux pièces de 8. Remplacez l'obusier de 6 pouces par un mortier de 8 pouces, ou deux de 5 pouces 6 lignes, et si cela n'est pas possible, par une pièce de 8.

« Indépendamment de ces pièces, il est indispensable que le parc ait au moins 150,000 cartouches à sa suite. Prenez vos mesures pour qu'au 16 pluviôse il y en ait 200,000 à Qatyeh, y compris les 200,000 que je vous ai demandées. Ayez-en 300,000 à Salheyeh, 300,000 à Damiette et au moins 100,000 à Belbeys.

« L'époque que je vous ai fixée est de rigueur. »

Le jour du départ pour la Syrie était proche ; le général de Dommartin adressa au général en chef l'état de situation des forts du Caire. Il fallait, pendant l'absence, rendre tout soulèvement impossible. Bonaparte reçut le rapport et répondit aussitôt :

« 4 pluviôse an VII (23 janvier 1799).

« J'ai lu, citoyen général, avec la plus grande attention votre rapport sur les approvisionnements des forts du Caire. J'adopte toutes les mesures que vous avez proposées pour augmenter l'artilleric et l'approvisionnement de la citadelle. — Toutes les pièces de 5 en général ne sont pas approvisionnées ; donnez des ordres pour que, le 10, l'artillerie des forts soit en mesure de tirer 100 coups par pièce, soit à boulets, soit à mitraille, soit à grenades, et 100 coups par mortier en bombes et, à défaut de bombes, en cailloux. Faites-moi connaître ce que vous comptez mettre au fort Solkowski et si je puis compter qu'au 10 les changements que vous avez proposés seront exécutés. »

Comme on le voit, on voulait assurer la tranquillité du Caire pendant la campagne de Syrie; l'ordre suivant daté du 23 janvier se rapporte à l'éclairage de la ville pendant la nuit, en même temps qu'à des dispositions particulières à l'entrée en campagne.

« Général, faites mettre dans les différents forts du Caire des artifices pour éclairer les remparts pendant la nuit. Faites-moi connaître par un rapport particulier la partie de l'équipage de pont que vous pouvez mettre à la suite de l'artillerie ; enfin préparez une centaine de flambeaux pour éclairer les convois pendant la nuit. »

A la veille du départ, le 5 février, Bonaparte adresse encore au général de Dommartin un dernier ordre qui doit compléter l'armement du Caire :

« Général, vous trouverez ci-joint un ordre au commandant de la marine pour qu'il mette à votre disposition six pierriers de 3 livres avec le nombre de boulets nécessaires. Ces pierriers resteront à la disposition du commandant de la place pour défendre les issues des rues et défendre le quartier français. Je vous prie, en même temps, de faire placer une pièce de 3 sur le petit minaret pour battre la place Ezbakijeh ainsi que le chemin de Boulac et de faire placer une pièce de canon d'un calibre quelconque à la porte des Pyramides et une autre à la porte du Delta. »

XV

Les divisions Reynier et Kléber s'étaient mises en
marche. Le général Reynier commandait l'avant-
garde; arrivé le 9 février devant le fort d'El-Arich dé-
fendu par les troupes de Djezzar, pacha de Saint-Jean-
d'Acre, il voulut brusquer l'attaque et fut repoussé avec
des pertes sensibles ; en même temps la cavalerie de
Djezzar s'avançait sur lui par la route de Gaza. Sou-
tenu à temps par la division Kléber, il put avec l'aide
de ce général enlever le camp des Mameloucks.

Au même moment Bonaparte et le général de
Dommartin quittaient le Caire et arrivaient à Salheyeh
le 12 février. La nouvelle de l'échec essuyé devant
El-Arich par le général Reynier irrita le général en
chef, et, hâtant sa marche, il fut le 17 février en vue

d'El-Arich. Les divisions Reynier et Lannes attendaient ; mais le découragement se glissait déjà parmi les troupes. La pluie avait détrempé les sables ; les blessés du dernier combat restaient étendus au milieu du camp, n'ayant d'autre lit que des feuilles de palmier ; la viande manquait, on avait tué les chameaux ; mais la soif surtout était intolérable, et l'eau de pluie recueillie sur le sable ne suffisait pas à désaltérer les hommes et les chevaux.

Le général en chef avait pris pour son expédition de vieux soldats dont il connaissait l'énergie, mais il savait qu'un échec au début d'une campagne est d'un fâcheux effet sur l'esprit d'une armée. Il se décida à attendre la division Lannes pour s'approcher d'El-Arich ; et comme il la savait en marche au milieu du désert, il adressa au général de Dommartin l'ordre suivant :

« Au bivouac de Messoudyah, 29 pluviôse an VII
(17 février 1799).

« Il vous est ordonné d'expédier sur-le-champ à la tente du général en chef tous les chameaux que vous pouvez avoir portant des outres, avec des chameliers, afin de les envoyer au-devant de la division Lannes. Ils vous rentreront dans deux jours. Envoyez directement ces chameaux au puits où il y a des ordres pour qu'ils prennent de l'eau, de préférence à tous autres. Les chameaux chargés se rendront à la tente du général en chef. »

Le 18 février l'armée campa entre El-Arich et la mer et le siége du fort commença. Mais les vivres manquaient et l'eau surtout était rare. Le général Berthier somma Ibrahim-Aga, commandant du fort, de le rendre. Il hésitait; Bonaparte traversant la tranchée dit aux grenadiers : « Cent cinquante bons bougres qui iraient fusiller ces coquins-là par les créneaux feraient un bon effet. » Les grenadiers sans autres ordres s'élancèrent sur la forteresse. Ibrahim-Aga comprit qu'il ne pouvait lutter, et le 19 au soir capitula. (*Mémoires secrets de la campagne d'É-gypte.*)

Le général en chef, mécontent du général Reynier, donna à Kléber le commandement de l'avant-garde. Celui-ci, égaré par son guide, qu'il dut faire fusiller, erra pendant quarante-huit heures dans le désert. Ce fut à Sauton qu'il retrouva le quartier général.

Le 24 février l'armée aperçut les plaines de la Palestine ; elle avait fait soixante lieues dans un désert brûlant, sans que son courage eût faibli.

Le 25 les Turcs et les Mameloucks abandonnèrent Gaza dont les magasins de vivres sauvèrent l'armée. C'était à Jaffa que l'ennemi se retirait. Le général en chef voulut le poursuivre sans retard .

Le 26 il envoyait au général de Dommartin l'ordre de renforcer l'artillerie du corps de cavalerie qui devait éclairer la marche :

« Gaza, 8 ventôse an VII (26 février 1799).

« Général, l'artillerie des Guides cédera un obusier et deux pièces de 8 à la cavalerie ; vous les ferez servir par des canonniers à cheval. Par là, la division de cavalerie sera composée de deux pièces de 5, deux de 8 et un obusier ; l'artillerie des Guides n'aura que deux pièces de 8 et un obusier, en attendant que vous puissiez faire remplacer les pièces que vous lui prenez. Comme la cavalerie part demain à la pointe du jour, il est nécessaire de faire ce mouvement aujourd'hui. »

Le 3 mars l'armée était devant Jaffa. Aussitôt, et tandis que le général Kléber prenait position du côté des montagnes pour protéger les troupes de siége, les divisions Bon et Lannes investissaient la place, et le général de Dommartin dressait ses batteries. En trois jours il avait ouvert la brèche, le général Lannes faisait sonner la charge et la 69e demi-brigade se précipitait la première dans la ville. Le carnage fut horrible et la peste en devint la sinistre conséquence.

C'était sur Saint Jean d'Acre que devaient dès lors

se concentrer tous les efforts de Bonaparte. Le 17
mars l'armée était devant ses murs. Le siége commença, siége impossible si l'on eût comparé la force
des remparts à notre impuissante artillerie; trois
pièces de campagne ne pouvaient constituer une batterie de brèche. La ville était défendue par Sidney-
Smith, commandant la division anglaise, et par un
officier du génie français, Phélippeaux, que Sidney-
Smith avait fait évader des prisons de la Terreur et
sauvé de l'échafaud. Malgré l'impuissance des
moyens, l'artillerie de campagne fit brèche à la tour,
et le 28 les grenadiers de la 69ᵉ demi-brigade s'élancèrent à l'assaut; presque tous tombèrent sous une
grêle de pierres et de balles; c'était un mauvais pré-
sage.

Un second assaut ne fut pas plus heureux; mais
le succès de la bataille du Monthabor, et l'arrivée à
Jaffa de six pièces de 18 et de 2 mortiers débarqués
à Tintourah, par le contre-amiral Perrée, rendirent
l'espoir à l'armée. Cinq assauts donnés montrèrent
bientôt à Bonaparte l'inutilité de ses efforts. Cependant, le 7 mai, un convoi signalé en mer fit croire à
un secours du Directoire; vain espoir, c'était au contraire un nouveau renfort qui arrivait aux assiégés.
Cette résistance opiniâtre irritait Bonaparte. Il voulut tenter une nouvelle brèche et un nouvel assaut,

et son aide de camp porta au général de Dommartin
les instructions suivantes :

« Devant Acre, 18 floréal an VII (7 mai 1799).

« Général, l'intention du général en chef est que
la batterie Mangin soit armée de 3 pièces de 24 et
prête à faire feu dans l'endroit désigné pour la nouvelle brèche ce soir à 9 heures. Son intention est
également que la batterie Vaille et celle Legrand
tirent pour rendre praticable la brèche déjà commencée du flanc; que la batterie Digeon tire
quelques coups de canon pour détruire ce que l'ennemi pourrait avoir fait dans la tour de brèche où
nos troupes doivent monter ce soir.

« Toutes les batteries par où l'ennemi pourrait déboucher par la gauche doivent également faire tout
ce qui dépendra d'elles pour faciliter l'assaut.

« Le général en chef ordonne qu'il y ait ce soir
au Réservoir quelques ouvriers avec des outils et
quelques artificiers avec des fusées ou autres ma-
tières combustibles; qu'il y ait aussi une pièce de 4 à
portée du Réservoir pour être à même de la mettre
en batterie sur la tour, si cela paraissait nécessaire et
praticable.

« Ordonnez à l'officier supérieur de tranchée de
se concerter avec le général Bon pour qu'il con-

naisse les dispositions prises ce soir par ce général,
pour l'attaque des glacis et celle de la tour de brèche.
Il serait utile que vous vous concertassiez aussi vous-
même tant avec le commandant du génie qu'avec le
général Bon, afin qu'il y ait de l'ensemble. »

Ces ordres donnés au général de Dommartin s'exé-
cutèrent vite ; en moins d'une heure, un pan de mur
tombait à droite de la grande tour et le général
Lannes s'élançait à l'assaut. Les remparts sont esca-
ladés ; on se croit maître de la place, et Bonaparte
adresse au général Kléber une dépêche lui annonçant
que la tour de brèche est à lui. Mais, derrière les remparts, Phélippeaux avait élevé une seconde enceinte
inconnue des assiégeants, et tandis que les grenadiers s'efforcent de la franchir, une sortie des Turcs
prenant la brèche à revers empêche l'escalade, et
coupe la retraite aux grenadiers. Emportés par leur
élan, ils étaient déjà dans la place ; se sentant aban-
donnés, ils se barricadent dans une mosquée, décidés
à y mourir. Djezzar voulait qu'on les massacrât jusqu'au dernier ; Sidney-Smith leur sauva la vie.

Les travaux de défense dirigés par Phélippeaux
prenaient rapidement des proportions effrayantes.
Deux tranchées coupaient par le flanc tous nos ou-
vrages ; la population de la ville travaillait jour et

nuit; des cavaliers surmontés de 24 pièces de canon s'élevèrent comme par enchantement. Cependant Bonaparte s'obstinait; le 9, il voulut recommencer l'assaut et écrivit au général de Dommartin.

« Devant Acre, 20 floréal an VII.

« Le général en chef a décidé de faire monter demain à la brèche. Les divisions partiront de leur camp à 2 heures du matin pour prendre position et exécuter le projet d'attaque convenu ce soir avec vous et les autres généraux de division. Donnez des ordres, en ce qui vous concerne, pour qu'il y ait des ouvriers avec des outils et des artificiers et enfin tout ce qui est nécessaire à l'assaut et à l'occupation de la ville. Désignez ceux qui doivent marcher avec la division Kléber, qui est la première à monter à l'assaut. On doit attaquer vers 3 heures et demie. »

Ainsi qu'il avait été ordonné, l'assaut fut donné le 10 mai au matin; les grenadiers de la 19e et de la 75e furent d'abord repoussés, Bonaparte commanda de renouveler l'attaque; cette fois elle fut terrible, mais la défense opiniâtre. Le colonel Venaux, l'adjudant Fouler, l'aide de camp Croisier et enfin le général Bon furent frappés à mort; et les troupes épuisées durent rentrer dans la tranchée. Depuis trois jours l'armée avait perdu 2,000 hommes, et la peste redoublait. Déjà les généraux de Caffarelli et Rambeau avaient été tués; la plupart des officiers supérieurs étaient blessés : Samson, Duroc, Beauharnais, Arrighi et le général Lannes lui-même. La peste, hideuse dans ses effets, jetait parmi les soldats l'épouvante et le dégoût.

Bonaparte assembla le conseil de guerre; le général Lannes parla le premier : « Je compare la ville d'Acre, dit-il, à une pièce de drap. Lorsque je vais chez le marchand pour l'acheter, je demande à la palper, je la vois, je la touche, et si je la trouve trop chère, je la laisse. »

Tous les généraux furent de cet avis, et la levée du siége fut décidée; mais il en coûtait à Bonaparte de s'avouer vaincu. Pourtant il fallait se rendre à l'évidence; la peste tuait chaque jour plus de vingt soldats, et le mal, loin de diminuer, menaçait de faire bientôt du camp un hôpital.

Ce fut au général de Dommartin que revint la pénible tâche de l'évacuation des malades; le 26 floréal (15 mai) il dut prendre à cet effet des mesures, tout en conservant ses batteries qui resteront avec lui devant Saint-Jean d'Acre.

« Il est essentiel, général, lui écrit Bonaparte,

que vous employiez tous vos ouvriers disponibles à faire des brancards pour terminer vite les évacuations. L'objet est de la plus grande urgence et je vous engage à y faire travailler de suite et sans relâche. Vous voudrez bien mettre, s'il est possible, à la disposition de l'ordonnateur en chef une certaine quantité de fusils provenant des hommes tués, pour armer les bouchers, boulangers et autres employés d'administration. »

Mais on craint que les assiégés, s'apercevant trop vite du départ de l'armée, ne se mettent à sa poursuite; serait-on vainqueur avec cet encombrement de malades et de blessés? Le général de Dommartin restera le dernier avec ses artilleurs; il usera ses derniers boulets, et il détruira une partie de ses canons qu'il est impossible d'emmener : tâche aussi périlleuse qu'elle dut être pénible.

« Devant Acre, 27 floréal an VII (16 mai 1799).

« Au général Dommartin.

« Je désire que vous preniez vos mesures de manière à avoir 40 coups à mitraille par pièce de 24 à tirer dans le cas où l'ennemi voudrait faire des sorties, et 10 à boulets ; 30 coups à mitraille par pièce

de 18 et 10 à boulets; 40 coups à mitraille par pièce
de 12 et 10 à boulets. Vous réserverez également vos
bombes pour les jeter au moment où l'ennemi se
réunirait pour faire des sorties. Vous pouvez mettre
moitié de la charge ordinaire. »

« Devant Acre, 28 floréal an VII (17 mai 1799).

« Le général en chef ordonne au général Dommartin de faire tirer dans la soirée tout ce qui lui
reste de boulets et de mitraille de 24. Il lui ordonne
de prendre les mesures de manière qu'à onze heures
du soir les 3 pièces de 24 et leurs affûts soient en chemin pour se rendre à Tantourah et de faire toutes
ces dispositions de manière que le 30 floréal à midi
tous les attelages soient de retour au camp.

« Le général Dommartin donnera les ordres pour
que de Jaffa on envoie à Tantourah les harnais nécessaires pour traîner les pièces de 24, parce que s'il
n'était pas possible de les embarquer à Tantourah,
l'intention du général en chef est de prendre les chevaux des officiers et même ceux de la cavalerie pour
faire traîner les pièces jusqu'à Jaffa.

« Le général Dommartin fera ses dispositions de
manière à destiner 3 pièces d'artillerie à chacune
des 4 divisions, 2 pièces aux guides à cheval, 2 à
la cavalerie. Il pourra désigner les trois de la division

Kléber et les 2 de la cavalerie parmi les six du général Junot.

« Les généraux doivent passer une revue de leur division le 30 au matin. Il est probable que l'armée se mettra en mouvement le 1er prairial au soir.

« Les généraux de division ont ordre de faire compléter 50 coups par homme ; le général Dommartin donnera ses ordres en conséquence.

« Le général Dommartin fera jeter cette nuit à la mer les mauvaises pièces de 18 en fer.

« Dans la nuit du 29 au 30 il fera jeter à la mer une pièce de 12 et une de 18.

« Dans la nuit du 30 au 1er prairial il fera jeter à la mer les 3 autres pièces de 18, les mortiers turcs ainsi que tous les boulets qu'on n'emportera pas et la seconde pièce de 12.

« Il aura soin que le pont sur la petite rivière Hayfa soit en bon état le 30 au soir. Il fera remettre au génie les poudres dont il est convenu avec le général en chef, pour faire sauter, hors de la ville, les objets ordonnés. »

Le 20 mai l'armée se mit en marche à la tombée de la nuit ; et jusqu'au jour l'artillerie fit un feu terrible. La division Reynier quitta la tranchée la dernière dans le plus grand silence, portant à bras les canons de campagne. On gagna ainsi Tantourah, où le général de Dommartin arriva dans la matinée du 24 mai. Bonaparte l'attendait, nos malades et nos blessés encombraient les hôpitaux du mont Carmel et de Kerdoué ; ils étaient là plus de 2,000 ; les moyens de transport manquaient, et les abandonner, c'était les livrer aux Arabes qui déjà harcelaient nos colonnes. Lorsque 14 ans plus tard les Cosaques poursuivirent ainsi les restes de la grande armée, Napoléon dut se souvenir de cette retraite de Syrie, qu'il oublia peut-être dans ses jours de gloire et de grandeur.

Les ordres pour les blessés et malades sont donnés.

« Tantourah, 2 prairial (21 mai 1799).

« AU GÉNÉRAL DOMMARTIN.

« Le général en chef ordonne que vous envoyiez, ce soir à dix heures, tous les chevaux disponibles du parc pour le transport des blessés. Il ordonne qu'aucun conducteur ou employé du parc ne puisse aller à cheval. »

« Tantourah, 2 prairial.

« Le général de Dommartin donnera ordre à tous

les canonniers à cheval de mettre pied à terre et de se rendre à l'ambulance pour aider à transporter les malades ; il donnera le même ordre aux brigadiers et conducteurs. »

Les soldats hésitent à s'approcher des pestiférés ; ils refusent même : il faut employer la menace.

« 3 prairial an VII (23 mai 1799).

« Général, j'ordonne que vous envoyiez sur-le-champ à l'hôpital de Tantourah 100 hommes et tous les charretiers qui n'ont pas de chevaux à mener, pour servir au transport des malades sur les bouriques ; j'ordonne que l'on apporte à l'hôpital tous les brancards qui sont à l'artillerie. Ces hommes recevront une gratification. Mais commandez-les avec vigueur, ils ne pourront s'exempter sous aucun pré-texte. »

Mais ni les chevaux ni les ânes n'étaient suffisants pour emmener tous les blessés ; les soldats durent être chargés d'emporter leurs camarades. L'armée entière, officiers et généraux, marcha à pied, et Bonaparte donna l'exemple.

Le 25 mai on arriva à Jaffa ; la ville dévastée, rem-plie de blessés et de malades, avait un aspect lamen-table ; on fit évacuer par mer le plus grand nombre d'entre eux ; les autres suivaient la colonne. Est-il vrai qu'on empoisonna ceux qui semblaient désespérés ? L'humanité se refuse à le croire, et pourtant on l'affirme.

L'armée se remit en marche le 28 mai, brûlant les villages ; le lendemain on était à Gaza ; après un jour de repos, on partit, et comme dernier adieu à cette terre maudite où sans profit ni pour la France, ni pour la civilisation, nous laissions tant des nôtres, on fit sauter le fort de la ville. Mais plus on avançait plus il devenait difficile de transporter l'artillerie ; les chevaux mouraient d'épuisement et de soif. Il fallait abandonner les canons laissés à Gaza lors du premier passage. C'était un nouveau sacrifice, Bonaparte s'y résigna et écrivit au général de Dommartin :

« Gaza, 11 prairial an VII.

« L'intention du général en chef est que vous fassiez traîner l'obusier jusqu'à El-Arich ; mais pour demain que tous les canons soient crevés et les boulets jetés. »

Le 31 l'armée se retrouva en face du désert ; la chaleur était affreuse, on n'avait d'eau que pour un jour, il fallait gagner El-Arich en dix heures. La souffrance rendit aux soldats une énergie nouvelle ;

ils marchèrent sans plainte sur ce sable mouvant qui cédait sous leurs pieds ; l'espoir de revoir l'Égypte ranimait leurs forces.

Enfin on entre dans le fort où l'on peut laisser les malades ; mais on devait les préserver contre une attaque des Turcs. Bonaparte enjoignit au général de Dommartin de laisser 50 canonniers, 2 forges, des artificiers et des attelages pour deux pièces de campagne. Du corps d'artillerie, en hommes et en matériel, parti pour la campagne, il ne restait, en réalité, que des débris.

Quarante lieues séparaient encore l'armée de Salheyeh, et sur cette route aride et sans eau l'oasis Quattyeh était le seul lieu de repos. Les forces humaines ont des bornes, celles des soldats étaient épuisées. Un officier attaché à l'état-major de Bonaparte, M. de Beauchamp, écrivant plus tard ses souvenirs, a tracé ainsi le tableau de ces dernières étapes :

« Enfoncée dans ces plaines de sables, accablée de privations et de fatigues, l'armée murmurait hautement contre le général en chef, qui dit aux grenadiers de la 69ᵉ : « Vous n'êtes pas des hommes ; votre premier habillement sera en femmes ; » ordonnant qu'on fît marcher toute la demi-brigade la

crosse en l'air. Mais des murmures, quelques soldats
allèrent jusqu'à la menace, tant ils étaient harassés ;
le général en chef crut devoir se dérober aux signes
très-prononcés du mécontentement des soldats ; il
prétexta une excursion pour aller reconnaître l'une
des branches du Nil et les ruines de l'ancienne
Péluse. Il quitta l'armée à Quattyeh. »

Au moment de partir, Bonaparte, le 7 juin 1799,
donna au général de Dommartin l'ordre d'envoyer
de Damiette une demi-compagnie de pontonniers,
pour jeter un pont de bateaux sur le bras d'eau de
Tynah et sur celui de Dybeh.

Les généraux Menou et Andréassy étaient venus
à la rencontre du général en chef ; celui-ci les prit
pour compagnons de voyage. Ils visitèrent la partie
orientale du lac Menzaleh et rentrèrent à Quattyeh
après que l'armée l'eut quitté. Bien qu'elle approchât
du terme de son pénible voyage, elle devait encore
subir plusieurs jours de torture. Le vent chaud du
désert brûlait les yeux et remplissait les poitrines ; on
suffoquait, les chevaux mouraient foudroyés ; les
hommes à qui la force ou l'énergie manquaient et
qui se laissaient tomber sur le sable ne se relevaient
plus.

Salheyeh apparut enfin avec ses douces brises, ses

palmiers, ses eaux et ses fruits, c'était le salut de l'armée et le terme de son trop pénible voyage. La riche province de Charquiéh, qui la séparait du Caire, reposait les yeux avec ses riches moissons et sa campagne fertile. On la traversa sans fatigue et le cœur content. Le 10 juin l'armée entière arrivait à Matariéh; le 12 elle stationnait à Zoubeh, faubourg du Caire où Bonaparte venait la rejoindre.

Dans la capitale de l'Égypte, les ordres avaient été donnés pour un triomphe; il fallait tromper les habitants sur les résultats de la campagne de Syrie.

« L'armée entra par la porte de la Victoire, écrit un témoin [1], chaque soldat portant une palme, à l'exception de ceux de la 69ᵉ. On fit circuler à plusieurs reprises nos colonnes autour et dans les rues du Caire, pour donner à croire aux habitants, qui se portaient en foule au-devant de nous, que nos troupes étaient encore plus nombreuses qu'à leur départ de Syrie et qu'en effet nous avions détruit l'armée du grand visir. L'aspect martial de nos troupes, que les habitants avaient crues anéanties, les frappa. Le général en chef fit exposer dans les principales mos-

_____
1. *Mémoires secrets sur la campagne d'Egypte.*

quées tous les drapeaux enlevés dans les différentes
.actions... Le soir il y eut des jeux, danses, combats de bâton, tours d'adresse qui furent exécutés
par des Égyptiens sur la place Ezbekyeh.»

XVI

Pendant l'absence de l'armée, des insurrections avaient éclaté sur plusieurs points en Égypte. Un musulman fanatique, qui se faisait passer pour l'ange El-Mohdy, prédit par le Coran, avait soulevé la province de Bahyreh. Le 10 mai le général Lannes avait couvert de morts le champ de bataille de Damauhour; mais l'insurrection étouffée se révélait encore par des attaques sans cesse renouvelées contre les corps de troupes isolés. La navigation du Nil était inquiétée, et Bonaparte, désireux de revenir en France, voulait tenter de ramener au plus vite la tranquillité dans sa conquête.

Rentré au Caire depuis deux jours, il adresse de nouvelles instructions au général de Dommartin.

« Le Caire, 26 prairial an VII (14 juin 1799).

« Il est indispensable que vous partiez au plus tard
le 1er du mois prochain pour vous rendre à Rosette
et à Alexandrie, afin de visiter par vous-même les
approvisionnements de ces places, réformer les
équipages de campagne et pourvoir à l'approvisionnement des autres places de l'Égypte. Faites partir
demain soir pour Alexandrie le citoyen d'Authouard;
mon intention est qu'il y reste tout l'été pour commander l'artillerie sous les ordres du citoyen Foultier. Il pourra être porteur de vos dispositions. Vous
connaissez mes intentions par rapport à Rosette, El-
Ramanyeh, Salheyeh et à la formation d'un équipage de campagne. Mon intention est d'établir à
Boulac un fort et provisoirement une batterie capable de défendre la passe de ce lac; il faut donc que
vous preniez les mesures pour y faire parvenir les
pièces d'artillerie nécessaires. »

Un moment le général en chef eut la pensée de se
rendre lui-même à Alexandrie; la felouque *le Nil*
fut préparée et armée pour lui; mais, abandonnant
son premier projet, il confia au général de Dommartin la mission d'assurer la tranquillité dans la
basse Égypte, et mit sa propre felouque à sa disposition.

« Le Caire, 29 prairial an VII (17 juin 1799).

« AU GÉNÉRAL DOMMARTIN.

« Le bateau *le Nil*, que j'avais destiné pour moi en cas que les événements m'eussent forcé à me rendre à Damiette, Rosette ou dans la haute Égypte, est prêt pour vous conduire à Rosette. Aussitôt arrivé, vous me le renverrez sur-le-champ avec le rapport que vous me ferez sur la situation d'El-Ramanieh et de la défense de l'embouchure du Nil. Je vous prie de déterminer, près d'Alqua, une position très-favorable, et près d'un endroit où les bateaux échouent ordinairement, l'emplacement d'une redoute que 30 à 40 hommes devraient pouvoir défendre, mais qui pourrait en contenir un plus grand nombre. Son but principal serait d'empêcher les bâtiments qui viendraient de Rosette de remonter le Nil et de bien prendre sous sa protection les bâtiments français qui seraient poursuivis par les Arabes. Je me charge spécialement de faire descendre ces différents bateaux à Rosette. »

Cependant, avant de se rendre à sa nouvelle destination, le général de Dommartin fait remettre le 18 juin, au général en chef, un nouveau plan d'organisation pour l'artillerie si épuisée pendant la campagne de Syrie. Bonaparte lui répond aussitôt.

« Le Caire, 30 prairial an VII (18 juin 1799).

« J'approuve, Général, toutes les mesures que vous proposez pour l'organisation de l'artillerie de campagne de l'armée. Faites-moi un projet de règlement par articles pour l'artillerie des bataillons ; vous y mettrez les masses telles que vous pensez que l'on doit les accorder au corps.

« Nos brigades de cavalerie étant faibles, une artillerie trop nombreuse ne ferait que les embarrasser : ainsi je pense que deux pièces de 3 attachées à chaque brigade seront suffisantes : la cavalerie est divisée en deux brigades.

« Je désirerais que vous organisiez de suite l'artillerie des guides et des deux brigades de cavalerie, en donnant aux guides les pièces de 5 du général Reynier et la pièce de 5 de la cavalerie, et en donnant à la cavalerie la pièce de 3 du général Lannes, et en laissant provisoirement une pièce de 5 jusqu'à ce que vous la puissiez remplacer par une pièce de 3 autrichienne. Il est nécessaire que vous complétiez l'armement de toutes ces pièces à trois cents coups.

« Il est également nécessaire de commencer à donner à chaque division deux grosses pièces. Il faudrait approvisionner les pièces de 8 des généraux Lannes et Reynier, la pièce de 8 et l'obusier qu'a aujourd'hui le général Davoust ; envoyer le plus tôt possible à Kléber deux affûts de rechange afin qu'il puisse monter ses pièces de 8 ; faites remplacer les deux pièces de 8 des généraux Lanusse et Fugière par des pièces de 3 vénitiennes et les attacher aux divisions Lannes et Rampon.

« Il est nécessaire de distribuer les pièces de 3 et de 4 de manière que chaque division se trouve en avoir deux ou trois, et lorsqu'on donnera aux divisions leurs pièces, on se trouvera en avoir dans chaque division pour les premiers bataillons des demi-brigades.

« Le général Kléber se trouve déjà avoir trois petites pièces. La pièce qui est à Balbeys peut être attachée à la division Reynier. Il sera nécessaire d'en procurer le plus tôt possible aux divisions Lannes et Rampon. L'armée pourra attendre dans cette situation que vous ayez eu le temps de faire venir l'artillerie de Rosette, et de donner à chaque division l'artillerie comme vous le projetez.

« Ordonnez que l'on ne distribue les fusils que par mon ordre. Mon intention est qu'on ne les distribue que dans cinq ou six jours et lorsque les corps seront réorganisés. »

Les changements indiqués par cette lettre de Bonaparte et qui devaient provisoirement donner le temps de mettre à exécution le grand projet de réorganisation proposé par le général de Dommartin, obligèrent celui-ci à retarder de quelques jours son départ pour Rosette. Ce ne fut que le 4 prairial qu'il s'embarqua sur la felouque *le Nil*.

Attaqué le 5 par les Arabes, il reçut deux blessures qui semblaient sans gravité ; et aussitôt son arrivée à Rosette, il adressa au général en chef un rapport dont le général Berthier envoyait plus tard la copie à madame de Dommartin. On comprend en le lisant combien, même à cette époque de notre occupation, la basse Égypte était loin d'être pacifiée.

LE GÉNÉRAL DE DIVISION COMMANDANT EN CHEF L'ARTILLERIE, AU GÉNÉRAL EN CHEF DE L'ARMÉE D'ÉGYPTE.

« Le 4 prairial nous avons couché à Nadir.

« Le 5, à la pointe du jour, nous découvrîmes des cavaliers par six et par huit : nous crûmes que c'étaient des fellahs.

« A midi, nous arrivâmes au village de Tounoub où se trouvait une djerme chargée de vin, au citoyen

Omeling. Nous étions engravés ; tout l'équipage ne pouvait ébranler la felouque. Des paysans vinrent à notre secours et nous remirent à flot. Nous passâmes ; mais, comme on apercevait beaucoup de cavaliers, nous demandâmes aux gens qui nous aidaient si c'étaient des Arabes : ils nous assurèrent que non et retournèrent à leur village, où nous vîmes beaucoup de monde ainsi qu'au village de Zaïra, distant d'une demi-lieue du premier et situé également dans le Delta.

« Le capitaine de la felouque me dit alors que peu de temps auparavant il avait été attaqué avec la djerme *la Vénitienne* à l'endroit où nous nous trouvions, et il nous montra sur la rive gauche, en face du village de Zaïra, un santon sur une petite hauteur qui sert de retranchement aux révoltés.

« Dans le même moment nous découvrîmes près du santon un rassemblement considérable d'infanterie et de cavalerie qui se formait rapidement ; nous étions sur le point de continuer à marcher à la traîne, mais par prudence je pris le parti de faire réembarquer l'équipage pour voir venir. Nous ne fûmes pas longtemps dans l'incertitude. Deux mille hommes d'infanterie et six cents cavaliers nous entourèrent tant sur la rive droite que sur la rive gauche, et les habitants des deux villages accoururent leur prêter main forte. Nous dûmes quitter aussitôt le côté du haut bord d'où l'ennemi nous surplombait et gagner l'autre rive au risque de nous échouer, ce qui arriva ; continuer notre route devenait dès lors impossible ; le vent, très-fort, nous était contraire, et le manque d'eau ne nous permettait pas de profiter du vent pour remonter. Nous étions donc échoués sur un banc de sable et de vase dont la rampe inégale, s'élevant peu à peu, était plantée en tabac dont les feuilles, déjà grandes, devaient permettre aux Arabes de se cacher et de nous approcher à portée de pistolet. Les hauts bords du delta n'étaient qu'à une demi-portée de fusil.

« Le feu commença vers une heure par deux coups de canon tirés par la felouque sur la cavalerie, qui faisait un mouvement pour s'approcher. Un canon placé au santon répondit aussitôt. La portée de cette pièce permit de juger qu'elle devait être du calibre de 8. Il était à supposer qu'elle n'était pas montée, car, après quelques volées, s'apercevant qu'elle ne nous atteignait pas, les Arabes voulurent la rapprocher, et mirent plus de deux heures à exécuter ce mouvement.

« La felouque et son canot étaient placés arrière contre arrière, en sorte que les deux pierriers du canot défendaient le bas de la rivière.

« Quand nous avions quitté Boulac, il s'était joint
à nous une djerme du pays, louée pour conduire à
Rosette un officier et quatre volontaires de la 25ᵉ.
Au moment où le rassemblement s'était montré, les
Turcs qui conduisaient la djerme l'avaient aban-
donnée ; les cinq hommes qui s'y trouvaient allaient
périr : il fallut envoyer le canot les chercher.

« Le feu de mousqueterie devint très-vif, l'infanterie ennemie montrait beaucoup d'audace ; la cavalerie, composée de gens fort bien montés et parfaitement habillés, se tenait un peu à l'écart, excitant
les fantassins ; mais, comme ils virent notre bonne
contenance et que notre feu nourri arrêtait les plus
hardis, les fantassins se jetèrent à l'abordage. Une
masse compacte d'hommes se précipita sur nous de
tous côtés, et en même temps la cavalerie fit un
mouvement en avant. Une décharge à mitraille cul-
buta fantassins et cavaliers ; ceux qui arrivaient sur
nous à la nage furent reçus à coups de fusil, mais
nous avions déjà beaucoup des nôtres hors de combat. Il était trois heures. Les Arabes recommencèrent
à tirer sur nous ; le feu fut très-vif de part et d'autre,
et lorsqu'ils pensèrent nous avoir affaiblis, ils tentèrent un second abordage avec des djermes. Quelques coups de canon bien tirés les coulèrent, tandis
que la fusillade et deux coups à mitraille cri-

blaient les assaillants, qui durent plonger sous l'eau.

« Comme le feu des Arabes restés sur le rivage diminuait, nous crûmes que les munitions leur manquaient, et comme de notre côté nous en avions très-peu, nous cessâmes de tirer. Ils crurent que c'était le moment de tomber sur nous et tentèrent un troisième abordage qui n'eut pas plus de succès que les deux premiers.

« Nous attendions la nuit avec grande impatience; dix hommes tués, trente blessés dont quelques-uns très-grièvement, nos munitions en grande partie consommées, nous prouvaient qu'il ne nous serait pas possible de tenir encore longtemps. Enfin vers huit heures et demie le feu a complétement cessé, et le rassemblement s'est dispersé.

« Nous voulions continuer notre route, mais comme il ne restait que trois matelots et deux mousses qui ne fussent pas blessés, il nous fallut abandonner le canot que l'on défonça après l'avoir désarmé; et comme il se trouvait encore plusieurs bas fonds à traverser, craignant de nous ensabler on jeta à l'eau tous les effets, et même les biscuits, afin d'alléger la felouque. A dix heures nous avons pu nous remettre en route, observant le plus grand silence; mais dans les endroits difficiles les blessés durent se mettre à l'eau. Nous sommes arrivés le surlendemain sans avoir fait d'autres mauvaises rencontres.

« Le capitaine de la felouque, le citoyen Fouque, s'est conduit avec toute la prudence, le sang-froid et le courage qu'un officier peut montrer; c'est la cinquième fois qu'il est attaqué.

« Le citoyen Cornillon, officier de la 25ᵉ, a été tué.

« Le chef de bataillon d'Authouard blessé à la main et à la tête.

« Le capitaine Cocurel blessé aux reins et au bras.

« Le citoyen Fouque, une contusion à l'estomac.

« Son lieutenant blessé au poignet et à la cuisse.

« De mes sept canonniers, quatre sont tués et les trois autres blessés.

« Tout le reste de l'équipage a été tué ou blessé, à l'exception de six hommes. »

Comme on le voit, le général de Dommartin ne parlait pas de ses blessures qu'il jugeait sans gravité; Bonaparte ne s'en préoccupa point, et le 14 messidor (2 juillet) il écrivait au général Desaix :

« Le général de Dommartin, se rendant à Alexandrie sur un bâtiment armé, a été attaqué par les

Arabes; il est parvenu, quoiqu'échoué, à les repousser avec la mitraille, mais il a eu deux blessures qui ne sont pas de conséquence. »

Quelques jours avant il avait écrit au contre-amiral Ganteaume :

« Vous trouverez à Alexandrie le général Dommartin et vous l'aiderez dans le transport de toutes les poudres, canons, munitions de guerre qu'il doit envoyer à Rosette, Boulac et Damiette. »

Bien que le général de Dommartin crût à sa guérison prochaine, il craignit que sa mère n'apprît indirectement sa blessure et dicta pour elle une lettre qu'il fit parvenir au Caire à son beau-frère M. de Châteauvieux; cette lettre attendait les dépêches du général en chef, lorsque le 21 messidor le tétanos s'étant déclaré emporta le blessé en quelques heures.

En France on était depuis plusieurs mois sans nouvelles d'Égypte. Soit que le Directoire ne crût pas aux succès annoncés dans les rares dépêches de Bonaparte, soit plutôt qu'il craignît de lui donner une importance et une popularité dangereuses, on s'occupait peu de l'expédition lointaine, lorsque l'Europe s'agitait et que la guerre était imminente.

Le 28 juin Bonaparte avait adressé au Directoire

une lettre confidentielle qui ne cachait qu'à demi les embarras de sa situation.

« Si vous voulez que nous nous relevions, disait-il, il nous faut d'ici à pluviôse 6,000 hommes de renfort. Si vous nous en faites passer en outre 15,000, nous pourrons aller partout, même à Constantinople. Mais s'il ne vous est pas possible de nous faire passer tous ces secours, il faudrait faire la paix... A la saison prochaine nous serons réduits à 15,000 hommes effectifs, desquels ôtant 2,000 hommes aux hôpitaux, 500 vétérans, 500 ouvriers qui ne se battent pas, restera 12,000 hommes tout compris. »

La bataille d'Aboukir gagnée un mois plus tard, tout en écrasant les Turcs, ne fut qu'un brillant combat et ne changea pas l'avenir réservé à l'expédition. Les victoires épuisaient l'armée que la peste décimait.

Le Directoire ne pouvait ni ne voulait accorder les renforts qu'on lui demandait; Bonaparte sentait que l'Orient allait lui échapper; rêvant d'ailleurs d'autres destinées, il s'embarqua secrètement pour la France vers la fin du mois d'août.

Les bruits les plus alarmants sur l'état de notre

armée s'étaient répandus en France ; on n'avait pu cacher les ravages occasionnés par la peste ; l'inquiétude déjà grande dans les familles s'augmentait en raison même du silence gardé par le gouvernement.

Madame de Dommartin, sous le coup d'un pressentiment affreux, voulut partir pour Paris, espérant que là du moins, elle apprendrait la vérité ; elle allait ainsi au-devant de la fatale nouvelle que depuis bien des mois elle redoutait.

Bonaparte était rentré en France ; quels généraux l'avaient suivi ? comment avait-il pu abandonner son armée, la laissant aux prises avec un double ennemi : les Arabes et la peste ? Elle n'espérait pas retrouver son fils, car il lui eût écrit, lui qui, pendant la campagne d'Italie, ne l'avait jamais laissée plus de quinze jours sans un mot d'affectueux souvenir ; mais elle saurait du moins où il pouvait être. Sa fille, madame de Châteauvieux, l'avait accompagnée ; quand son mari l'avait quittée pour suivre cette expédition, qui s'annonçait comme un voyage facile, elle n'avait pas prévu les inquiétudes qui l'attendaient.

Elles coururent ensemble au ministère ; on ne leur apprit rien, mais, le 18 brumaire, le jour même où Bonaparte renversait le Directoire, madame de Dommartin recevait cette lettre, terrible dans son laconisme :

« Paris, 17 brumaire an VIII de la République française.

ALEXANDRE BERTHIER,
CHEF DE L'ÉTAT-MAJOR GÉNÉRAL DE L'ARMÉE D'ORIENT.

« Je vous apprends avec douleur, citoyenne, que le général de division Dommartin, commandant l'artillerie de l'armée d'Orient, a été tué sur le Nil en se rendant du Caire à Rosette, dans le courant de messidor an VII.

« Il a emporté avec lui l'estime et les regrets de toute l'armée.

« Tous ses effets et papiers sont entre les mains de son beau-frère, au Caire.

« ALEX. BERTHIER. »

Cette triste nouvelle ne devait précéder que de quelques mois une autre douleur. M. de Château-vieux mourut au Caire ; madame de Dommartin et sa fille se trouvèrent seules avec leurs souvenirs et leurs chagrins.

La tourmente révolutionnaire avait passé ; le siècle commençait, apportant avec lui des espérances de tranquillité et de gloire. Ces deux femmes, pleurant l'une son fils, l'autre son mari, s'enfermèrent dans leur village, insensibles aux bruits du dehors.

Nous avons dû esquisser à grands traits cette campagne d'Égypte et de Syrie, pour suivre le général de Dommartin dans une expédition hasardeuse où, comme tant d'autres, il avait été entraîné par Bonaparte. A quelque point de vue que l'on se place, elle fut sans résultat pour la France, qui perdit sa marine et beaucoup de vaillants soldats.

Mais cette petite armée, admirable de courage et d'abnégation, luttant sans cesse contre la maladie, le climat et les hommes, restera comme un des brillants exemples de ce que peuvent des troupes aguerries et disciplinées, ayant l'esprit militaire et l'honneur du drapeau.

NOTES

(Extraits des *Mémoires secrets sur l'expédition d'Égypte*.)

Iles Matarieh, situées dans le lac Menzaleh
(en 1798).

Ces îles sont très-populeuses. Les cabanes des habitants sont bâties de boue ou en partie de briques et couvrent entièrement leur surface. Dans l'île de Nict-el-Matarieh, les cahutes sont pêle-mêle avec les tombeaux; elles paraissent plutôt des agglomérations de tanières que des habitations d'hommes. La population de ces îles comprend, outre les femmes, 1,100 hommes occupés à la pêche ou à la chasse des oiseaux. Presque toujours nus, dans l'eau, et livrés à des travaux pénibles, ils sont forts, vigoureux et déterminés. Avec de belles formes, ils ont un air sauvage; leur peau brûlée par le soleil, une barbe noire et dure rendent cet air plus sauvage encore. Ils étaient sous l'autorité de quarante chefs, et ceux-ci dépendaient d'Hassan-Loubar, qui avait la pêche du lac, sous la redevance qu'il faisait aux beys d'Égypte.

Lac Menzaleh.

Les eaux du lac ont une saveur moins désagréable que celles de la mer ; elles sont même potables pendant l'inondation du Nil. La profondeur générale du lac est de trois pieds ; il est très-poissonneux ; l'entrée des bouches est fréquentée par les marsouins. On navigue à la voile, à la rame et à la perche ; on mouille en s'amarrant à deux perches qu'on enfonce très-aisément, l'une à l'avant, l'autre à l'arrière. Le lac ne communique avec la mer que par deux bouches. Les habitants des îles étaient propriétaires de 5 à 600 barques qui naviguaient sur le lac. Secondés par les Arabes, ils étaient les tyrans des pays voisins.

Prise de Jaffa.

Deux mille musulmans avaient été passés au fil de l'épée sur les remparts pendant l'assaut, ou dans la ville. Le reste de la garnison, s'élevant à un égal nombre, s'était réfugié dans les mosquées. Ceux-ci mirent bas les armes et demandèrent quartier. Ils furent amenés devant le général en chef, qui était assis alors sur une petite pièce de campagne, devant la principale brèche; il confia la garde des prisonniers à un fort détachement. Le pillage se prolongeant pendant la nuit, dans toutes les rues, dans toutes les maisons, on n'entendait que des cris lamentables.

Le général en chef, ayant assemblé un conseil de guerre, exposa qu'il n'y avait pas de vivres pour l'armée, et qu'on ne pouvait sustenter les 2,000 hommes de la garnison qui avaient mis bas les armes, ni les envoyer en Égypte faute d'escorte; qu'en les laissant à Jaffa, c'était laisser des ennemis sur les derrières de l'armée. Il prit sur lui, malgré plusieurs avis contraires, de donner l'ordre de les fusiller. On conduisit le lendemain tous ces malheureux dans une vallée sur les bords de la mer, et des bataillons firent feu dessus. En voyant la mort inévitable, les victimes se jetaient sur nos soldats et tordaient les baïonnettes.

Une séance de l'Institut d'Égypte.

On s'était concerté pour faire rédiger par les membres dévoués de l'Institut d'Égypte un travail sur la peste, qui rejetait sur ce fléau mal connu et trop tard étudié le non-succès du siége de Saint-Jean-d'Acre. L'Institut fut convoqué, et le général en chef proposa lui-même la nomination d'une commission qui se chargerait du travail qu'on avait en vue et dont on exposa le programme. Monge crut qu'il y aurait trop d'affectation à ne pas comprendre Desgenettes, le médecin en chef de l'expédition, parmi les commissaires. Celui-ci vit qu'on voulait le forcer à approuver par sa signature un récit controuvé et apocryphe. Dans sa réponse, il s'expliqua de manière à révéler une partie de sa pensée à ce sujet. Une discussion commença, et Bonaparte eut recours aux lieux communs contre la médecine et les médecins qu'il traita de charlatans et de croque-morts. Desgenettes repoussa ces sarcasmes déplacés en faisant voir que le charlatanisme en politique et dans l'art de la guerre était bien autrement pernicieux et fatal à l'humanité. Après avoir ajouté que le mépris des principes de morale conduisait aux actions criminelles, il fit entrevoir qu'il s'était noblement refusé de se faire le meurtrier de ceux qu'il était chargé de sauver, faisant allusion à l'empoisonnement des pestiférés et au massacre des prisonniers turcs. Le général en chef, pâle de colère, voulut imposer silence. Desgenettes continua, malgré les sommations du général qui lui enjoignait impérieusement de se taire.

NOTES COMPLÉMENTAIRES.

(Sur la page 47.) Le mécontentement des officiers exprimé dans la lettre du 22 juillet 1791 augmenta avec les excès de la Révolution. Six mois plus tard, M. de Dommartin, dans une lettre adressée à son beau-frère et relative à la succession de son père, écrit ces lignes :

« Du Chesnoy est revenu de Paris, désolé de ce

qu'il a vu et entendu ; il ne sait quel parti prendre ; c'est qu'il faut bien de l'abnégation pour rester à nos postes. »

La déclaration de guerre fit cesser toutes les hésitations ; on oublia les horreurs de la Révolution pour marcher à l'ennemi.

———

(Sur la page 65.) M. de Dommartin, en supprimant la particule sur l'adresse de ses lettres à sa mère, ne satisfit pas assez la municipalité de Wassy. Ce nom de terre blessait l'égalité. Sur l'adresse d'une lettre du général, datée de Nice, on trouve les lignes suivantes :

« Vu à la municipalité de Wassy et bonne pour la citoyenne Cousin ; elle devrait savoir que Dommartin est un nom de terre qu'il ne lui est plus permis de porter.

« *Signé :* B..... »

TABLE